互联网金融新型风险及其监管机制研究

王雅琴　著

吉林科学技术出版社

图书在版编目（CIP）数据

互联网金融新型风险及其监管机制研究 / 王雅琴
著 . -- 长春 ：吉林科学技术出版社，2019.10
ISBN 978-7-5578-6208-4

Ⅰ . ①互… Ⅱ . ①王… Ⅲ . ①互联网络－应用－金融风险－
风险管理－研究－中国②互联网络－应用－金融监管－研究－中国
Ⅳ . ① F832.29

中国版本图书馆 CIP 数据核字 (2019) 第 233084 号

互联网金融新型风险及其监管机制研究

著　　者	王雅琴	
出 版 人	李　梁	
责任编辑	端金香	
封面设计	刘　华	
制　　版	王　朋	
开　　本	185mm×260mm	
字　　数	180 千字	
印　　张	7.75	
版　　次	2019 年 10 月第 1 版	
印　　次	2019 年 10 月第 1 次印刷	
出　　版	吉林科学技术出版社	
发　　行	吉林科学技术出版社	
地　　址	长春市福祉大路 5788 号出版集团 A 座	
邮　　编	130118	

发行部电话 / 传真　0431—81629529　　　81629530　　　81629531
　　　　　　　　　　 81629532　　　81629533　　　81629534

储运部电话　0431—86059116

编辑部电话　0431—81629517

网　　址　www.jlstp.net

印　　刷　北京宝莲鸿图科技有限公司

书　　号　ISBN 978-7-5578-6208-4

定　　价　54.00 元

前　言

　　互联网金融，如今已经不是一个陌生的词汇，它早已渗透到千千万万的寻常百姓家，融入人们的生活。随着互联网、云计算、大数据、人工智能和区块链等技术的不断创新，互联网金融进入高速发展阶段，产品形式越来越多样，行业混合度越来越高。现在，没有人能否定互联网金融未来的发展前景，但互联网金融的创新不会是一帆风顺的，巨大的机遇背后同样蕴藏着风险。因此互联网金融的监管和司法问题需要我们认真思考和研究。

　　金融是资金融通的方式，将社会闲散资金从所有者手中转移给资金需求者，只要是面向不特定的消费者筹集资金，政府监管机构就应该对其进行高频率监管、穿透式监管。这种资金使用权的转移所形成的权利义务关系，需要通过合约协定和产品设计进行合理界定，并有效防范和化解可能存在的各类风险。互联网金融不是简单地用网络进行债券、证券交易，更不是靠网络吸引无经验、无风险承受能力的金融消费者。互联网金融应该是以互联网为平台，建立完善的监管体系，针对金融固有的风险，以高效的运作模式为广大的投资人和融资人提供金融服务和安全保障。

　　互联网金融在改变人们生活方式的同时，也蕴藏着较大的风险，我们在享受互联网金融带来的好处时，也应高度重视互联网金融的安全性，抓好互联网金融风险治理，这一过程涉及体制改革、立法完善、学科建设和人才培养，并且需要跨学科、跨领域、跨国界的交流合作与学术研讨。

　　互联网金融重在创新，以新兴的金融形态供给实体经济，以灵活的投资方式满足中小消费者的需求。然而，创新一方面给市场带来了源源不断的活力，另一方面也让金融行业的风险波及更加广泛的投资人。因此如何把握新兴的金融监管方向，也是本书的一大亮点。

目　录

第一章　互联网金融概述

第一节　互联网金融

一、互联网与金融的融合

（一）从"金融"概念的演进重新审视"互联网金融"

1."金融"概念之历史演进

什么是金融（finance）？表面上看似简单，实则难以简单予以回答，至少目前在国内外理论界仍然众说纷纭、莫衷一是。究其原因，主要是社会金融活动本身即一个由简单到复杂的不断变化的历史过程，金融的界定也随着实践的发展而不断演进，不同历史时期自然会有不同的概念。

在20世纪初之前的漫长历史时期，受经济发展水平的制约，金融活动被局限在整个经济活动中较小的范围之内，同时由于金融功能还停留在"一般中介人"的角色，人们还没有广泛地把金融视为一种投资的渠道，因而金融的影响非常有限。《辞海》中对"金融"的解释可以代表这一历史时期的金融活动，即"货币资金的融通。一般指货币与银行信用有关的一切活动，主要通过银行的各种业务来实现"。这一定义在简单金融发展状态下无疑是合适的。但到了二战后期，世界经济进一步迅速发展的需求带动了经济货币化和经济金融化程度的不断提高，社会对金融服务的需求也越来越多样化和复杂化。遍布城乡的金融机构、不断繁荣的金融市场、越来越多的金融工具等，使金融渗透到几乎所有一切社会生活领域。因此，仍将金融界定为"资金融通"就显得不合时宜。这一定义并没有考虑到现代金融的本质特征，如风险规避、经济调节、信息传递、公司治理、引导消费、区域协调和财富再分配等功能。

20世纪七八十年代以后，经济全球化、金融全球化和金融自由化浪潮更是席卷全球。在此背景下，金融不但功能更加丰富，对社会经济的渗透更加深入，成为所谓的"万能垄断者"，而且其本身也开始在某种程度上脱离实物经济而独立运行。资本市场的快速发展、金融工具的多样化和融资方式的多元化，使投资活动和融资活动在资本市场中得到了前所未有的匹配。基于此，西方比较权威的《新帕尔格雷夫经济学大辞典》将"金融"界定为："资本市场的运营，资本资产的供给与定价。"此外，该辞典还指出"金融"的基本内容有五个方面：有效率的市场、风险与收益、替代与套利、期权定价、公司金融。然而，概念的中心点还是资本市场的运营、资本资产的供给与定价。

同样，国内学者近年来也开始对"金融"这一概念进行重新归纳和认识，以适应新的经济、金融形势。《中国金融百科全书》对"金融"词条的注释是："货币流通和信用活动以及与之相关的经济活动的总称。"黄达在其《金融学》中，也给出了一个较为宽泛和综合的概念，即"凡是既涉及货币，又涉及信用以及货币与信用结合为一体的形式生成、运作的所有交易行为的集合；从另一个角度看，即凡是涉及货币供给、银行与非银行信用，以及证券交易为操作特征的投资、商业保险以及类似形式进行运作的所有交易行为的集合"。这些对金融本质的界定，把货币流通和信用活动与金融统一在一起。

另外，还有一些学者分别从不同的角度对金融做出了定义。如从"产权"或"索取权"的角度来看，曾康霖教授（2001）认为："金融的定义需从实际出发。现代金融从表现形式上包括货币的借贷、兑换、买卖，款项的支付，票据的交换等，尽管不同的形式有各自的特点，但它们的活动形成了一个市场，进入市场的主体，既有企业又有个人，还有政府，活动的目的绝不仅是调剂货币资金的余缺，而是为了求得资产的流动性、安全性和盈利性的最佳组合。所以，现代金融是以货币或货币索取权形式存在的资产的流通。这样定义金融，强调金融是市场行为，是人们资产的交换，是以利息为尺度的权利与义务的承诺。"又如，从资源的角度来看，白钦先教授（2001）提出了"金融资源论"，将金融提升到与"自然资源"相对的"社会资源"的高度来认识，认为"金融是一种资源，是有限或稀缺的资源，是社会战略性资源"。并将金融资源划分为三个层次：一是基础性核心金融资源，它包括广义的货币资本或资金，属于金融资源的微观和基础层次；二是实体性中间金融资源，它是金融的结构论，即包括金融组织体系和金融工具体系两大类；三是整体性高层金融资源，它是货币资金、金融工具体系、金融组织体系三者之间相互运动所发挥的作用和结果。换言之，一国在一定时期的货币资本或资金存量、现存金融组织体系和金融工具体系是金融资源的"硬件"；而一国金融的总体功能则是金融资源的"软件"，因此它以一种较为宏大的视角涵盖了金融的本质及其演进。

由此可见，金融的本质内涵取决于金融活动的发展、运作和评价，而金融活动的发展又取决于经济货币化与经济金融化的程度。在经济金融化、金融全球化和金融自由化日益加速的大背景下，的确很难为"金融"下一个完美的定义。

2."互联网金融"概念之辩

互联网（Internet）始于1969年的美国，又称因特网，是一个由各种不同类型和规模、独立运行和管理的计算机网络组成的世界范围的巨大计算机网络，也是一种比以往任何通信媒体都要快捷的公用信息载体。近三十年来，互联网技术深度融入社会、生活、商业各领域，促使人们的生活习惯和社会主流商业模式发生悄然巨变。近几年来，随着互联网信息技术的飞速发展，一大批互联网企业借助自身的互联网开放平台，主张尊重客户体验，强调交互式营销，寻求技术与金融业务的深度整合，在金融领域推出了一系列新产品和新服务。基于互联网与金融业的相互融合与渗透的日益深化，"互联网金融"的概念应运而生，业界、学界关于互联网金融的研究与探讨也日趋深入。

"互联网金融"一词早在互联网与金融的融合之始便已零散地见诸报端，并在2012年成为国内金融领域最引人注目的概念，并且被中国人民银行在2013年第二季度的中国货币政策执行报告所引用，还被写入了2014年的国务院政府工作报告之中。但什么是"互联网金融"？与"金融"的概念一样，学界、业界至今都未能对其形成普遍、严谨、明确的定义。

对"互联网金融"的本质及定义的理解，目前主要有两种针锋相对的学说：一方认为"互联网金融是一种区别于传统金融的新型金融业态"（以下称为"新业态说"）；而另一方认为"互联网金融是一切通过互联网技术实现资金融通的行为，是传统金融在互联网上的延伸"（以下称为"延伸说"）。此外，还有部分学者持"综合说"的立场，他们认为互联网金融是"一种新型的金融业态，但也应该包含信息技术的传统金融在内"。由于在基本观点层面与"延伸说"相符，因此本章归类于"延伸说"。下文将对上述两种学说的主要观点进行归纳：

（1）"新业态说"

这些学者普遍认为"互联网金融"与传统金融机构利用互联网为工具而形成的"金融互联网"有本质区别，并且将对传统金融产生颠覆性的冲击，甚至将"互联网金融"提升到一种新型金融业态和金融模式的高度。

业界翘楚马云认为，互联网企业从事金融业务的行为称为互联网金融，而传统金融机构利用互联网开展的业务称为金融互联网。这种观点虽然不是严格意义上的学术定义，但给出了界定互联网金融概念的一个重要方向和维度，即"互联网金融"和"金融互联网"是有明显界限的。在这一观点上，国内很多学者与之一致，杨东认为：互联网金融是以互联网为渠道并在组织结构和运行机制等方面异于将电子计算机技术应用于传统金融领域的新金融业态。根据此定义，传统金融组织使用网络技术来提高竞争力是金融互联网，而各企业应用互联网技术介入金融行业所开展的业务被称为互联网金融。还有如陆岷峰和刘凤以及贾甫和冯科等，也都持此观点。从"互联网金融"和"金融互联网"两者的关系上来讲，戴东红认为，互联网金融和金融互联网联系紧密，是"竞争＋合作"的关系。一方面，互联网金融在理念上对传统金融机构带来冲击，促使金融互联网崛起和发展；另一方面，金融互联网也打通了第三方支付账户与银行卡账户资金的双向互转，为互联网金融支付平台提供了技术保障。

有学者从信息技术运用的角度，对区分"互联网金融"和"金融互联网"进行了诠释。如汪炜便认为，基于"大数据""云计算"等前瞻性信息运用的金融活动才可以称为互联网金融，而忽略这个关键要素的其他所谓的"互联网金融"是缺乏灵魂的。霍学文更进一步指出，互联网金融远非将互联网技术应用于金融那么简单，而是将互联网的思想融入金融行业，从而创造出新的金融形态。李钧则对互联网思想进行了归纳：互联网思想是高效共享、平等自由、信任尊重，是点对点、网格化的共享互联，从而形成信息交互、资源共享、优劣互补，并从这些数据信息中挖掘出价值。这实际上也代表了绝大多数支持互联网金融的研究者的看法。

有学者站在理论的角度，认为互联网金融是一种对传统金融体系产生根本变革的"第三种金融模式"。吴晓求则从"金融互联网"和"互联网金融"两者的区别出发，更加深入地指出：对于传统金融机构来说，互联网只是一个手段，它们吸纳、运用包括互联网技术在内的现代信息技术，去创新金融工具并构建新的网络系统，与此同时，原有的运行结构和商业模式并未相应地发生变化，这可称为金融互联网；而互联网金融则是指以互联网为平台构建的、具有金融功能链和独立生存空间的投融资运行结构。因此，他认为"互联网金融"是一种飞跃的"基因变异"，是对现存金融体系理念、标准、商业模式、运行结构、风险定义和风险管控等诸多方面的根本性变革。

中投公司副总经理谢平则认为，在一般均衡定理的经典表述中，金融中介是不存在的，目前之所以存在金融中介，是因为金融中介具有规模经济和专门技术以及专业的信息处理能力，以缓解储蓄者和融资者之间的信息不对称以及由此引发的逆向选择和道德风险问题。而随着互联网技术的发展，将使得市场信息不对称程度、资金供需双方在资金期限匹配以及风险分担上的成本非常低，中介机构将因没有存在的必要而消失。这种依靠互联网摆脱了金融中介机构的金融新模式，就是互联网金融。"互联网金融"是既不同于商业银行间接融资，也不同于资本市场直接融资的第三种金融模式，是人类未来通过互联网走直接金融的模式。同时，这种观点也得到了许多业界人士的认可，如侯维栋就认为，互联网金融是充分利用互联网技术对金融业务进行深刻变革后产生的一种新兴的金融业态。

（2）"延伸说"

这些学者和市场人士都普遍认为，互联网金融的本质还是金融，应从广义上来理解信息技术进步为金融行业带来的改变。因此，传统金融机构利用互联网进行技术与服务革新也应纳入互联网金融的范畴。

殷剑峰最为直接地指出，互联网金融是"电子金融"的一类，其无非是利用互联网来提供金融服务。林采宜（2013）也明确指出，互联网金融只是金融服务的提供方式和获取方式发生改变，是直接融资和间接融资在互联网上的延伸，而非直接融资和间接融资之外的第三种金融模式。其他学者从金融的本质属性对"互联网金融"进行了分析，耶鲁大学金融系教授陈志武认为，"互联网金融"本质上还是金融契约，不是新金融，只是金融销售渠道、金融获取渠道上的创新。吴晓灵提出，互联网金融的本质是利用互联网和信息技术，加工传递金融信息，办理金融业务，构建渠道，完成资金的融通。这一观点也得到了许多监管人士和市场人士的赞同。中国人民银行支付结算司副司长樊爽文表示，在互联网时代这一大背景下，从本质上来讲，互联网金融的核心归根到底还是金融。同时，邱东阳和肖瑶认为，互联网金融其本质是金融，互联网只是一种媒介、一种工具。宜信公司总裁助理刘大伟表示，互联网金融的本质是金融，核心内容是风险控制。

针对"新型业态说"中对"互联网金融""金融互联网"两者的区分，"传统金融延伸说"模糊了参与金融服务的行为主体，笼统地将互联网企业和传统金融行业运用互联网技术进行金融服务的行为都称作"互联网金融"。阎庆民认为，互联网金融是以信息科技为基础的，传统金融机构也可以利用，并且正在利用互联网金融。与之相似，刘士余认为，不论互联网金融还是金融互联网，只是战略上的分类，没有严格的定义区分。随着金融和互联网的相互渗透、融合，互联网金融已泛指一切通过互联网技术来实现资金融通的行为。互联网金融是广义金融的一部分，传统金融机构的互联网业务也应该是广义的互联网金融的组成部分，两边是交叉进行、相互促进的。周宇也认为，从广义上讲，通过或依托互联网进行的金融活动和交易均可划归为互联网金融，既包括通过互联网进行的传统金融业务，也包括依托互联网创新而产生的新兴金融业务。中国人民银行条法司司长穆怀朋也发表讲话称，金融互联网和互联网金融应该说是同源的，它们都是广义互联网金融的组成部分。

因此，"互联网金融"应该从广义上进行宏观定义。王永利认为，互联网金融是指应用互联网技术、平台和渠道等从事的金融活动，传统金融机构应用互联网推出的金融业务与非传统金融机构依托互联网开办的金融业务是其两种主要模式，尽管二者在体制、机制、技术平台和业务模式等方面存在很大差别。陈一稀和王杰认为，互联网金融泛指一切通过互联网技术实现的资金融通行为。互联网金融是传统金融行业与以互联网为代表的现代信息科技，特别是云计算、搜索引擎、移动支付、数据挖掘和社会化网络等相结合的新兴领域。闫真宇、陆岷峰与刘凤将互联网金融定义为各类金融机构或准金融组织借助网络信息技术，提供资金融通、资源配置和金融服务的新金融模式。

关于"互联网金融"两种不同概念的纷争，使得我们对其内涵与外延不能准确地定位和甄别，如此下去，很容易发生战略性的错误。特别是从金融监管的角度来说，一方面，"互联网金融"的概念内涵决定了对其监管目标、监管原则、监管内容、监管模式、监管方法等一系列的问题。具体来说，如果互联网金融从概念上就是区别于传统金融的"第三种新型余融业态"，那么，现有的金融监管框架和规则如果被强加于这种"新业态"就是不符合逻辑的。同样，对现有监管体系的改良和完善，也可能是徒劳无功的，因为"互联网金融"已然与传统金融的模式有着本质上的区别。如果互联网金融正如"延伸说"所述，只是将传统金融业务搬到了互联网上，或者在内涵上就包含了"传统金融业务在利用互联网技术实现"的内容，那么，将现有的金融监管体系进行升级，令其符合互联网的技术特点和要求，由此为基础对"互联网金融"形成一个新的、与时俱进的监管体系将是可行的。另一方面，"互联网金融"外延覆盖的宽窄又直接牵涉到监管范围的大小，那些被纳入"互联网金融"概念之中的市场主体就必然要履行一定的义务，受到一定的规制约束。

因此，对"互联网金融"概念进行理性的思考和研判，对于防止监管偏差的发生是非常必要的。

3."互联网金融"概念之重新审视

比较以上两种学说，"新业态说"的理论价值较高，但这一定义的外延过于局限。首先，"新业态说"排除了传统金融机构使用网络技术来提高竞争力是"金融互联网"。试想，如果没有十几年前商业银行的全面信息化，目前的互联网企业的创新也将是无源之水、无本之木。其次，如果把"互联网金融"仅界定为有别于传统直接融资模式和间接融资模式，利用"大数据""云计算"等现代信息技术，具有"开放、平等、协作、分享"等互联网现代精神的新金融模式及金融业态的话，那么这一定义运用到实际业务中将非常困难。因为，我国许多互联网公司实际上只是通过互联网发放贷款、募集资金等，它们似乎与"新业态说"的这些本质特征相差甚远，绝大多数并未集中体现移动支付、云计算、社交网络和搜索引擎这四种技术特点，并非真正意义上的互联网金融。如P2P网贷公司，这种模式在引入中国时发生了变质，不再基于数据积累与数据处理，有些业务模式甚至逐渐与互联网脱离，向"线下"发展。又如第三方支付，它通常被人们认为是互联网金融的一部分，甚至中国货币政策执行报告也将其归到互联网金融之列。但实际上，基于互联网的第三方支付早已存在，而且一直发展迅猛，却并未引起如此程度的关注。目前，研究者对于第三方支付的重视更多的是源于其开始基于平台优势提供其他金融服务，如"支付宝"诞生了"余额宝"等。但即使如此，其本质也是货币基金的另一种网络销售模式而已。从国外公司的发展来看，"互联网金融"的火爆程度远不及我国，其市场份额极小，且多集中在利用期权交易模型来做二级市场对冲性的互联网金融产品，在本质上并没有突破金融的范畴，互联网只是金融的工具或产品组成。最后，从国内外普遍认可的诸多互联网金融业务模式来看，主要包括第三方支付、P2P小额信贷、股权众筹融资、互联网货币、电商金融以及其他网络金融服务平台，这些模式非但传统金融机构不能模仿，而且相比之下更有信用、数据、渠道等诸多优势，而且，随着未来网络信息技术的进一步发展，被认为是"互联网金融"灵魂的"大数据""云计算""数据挖掘""社交网络""网络（移动）支付"等核心技术，也可能成为一种过去时，但互联网和金融的融合并不会停止前进的步伐。

而"延伸说"认为，互联网金融是否可以称得上"第三种金融模式"还有待商榷，因为追根溯源地讲，商业银行的全面信息化才是这轮金融革新的重要基础，脱离传统金融机构的信息化而单谈互联网企业的金融化，显然是不够全面的。而且，如上所述，从实际上看，目前国内的互联网公司和开展的业务都"似是而非"、名不副实者众多。但是，笔者认为，也不能忽视互联网企业与传统金融机构之间存在着性质与经营模式上的许多差异，并且，在互联网技术高速发展、信息传播扁平化的大背景下，为满足人们日益丰富的金融需求，将会创造出一系列金融新概念、新种类、新模式、新流程。以第三方支付来说，如果第三方支付企业只提供单纯的支付业务，则其只可归于支付机构的行列，而一旦其基于自身的数据积累与处理能力向其他金融领域渗透，则可认定为互联网金融。更进一步说，基于互联网的第三方支付有着进军互联网余融的强大潜力，而且，目前的 P2P 网贷公司经过一定时期的数据积累后，终将朝着标准意义上的"互联网金融"方向迈进。因此，从历史的角度来讲，这些行业可以说都具备互联网金融的潜质，都会产生数据，长期的数据累积，会发展成典型的互联网金融形态。所以，并不能简单地以现阶段的"互联网金融"是传统金融服务的升级优化为由，就不对其加以重视和研究。

因此，笔者认为，对"互联网金融"的定义应兼顾以下两种因素的考量。一方面，从上述"金融"概念的定义来看，如果要在金融学领域引入一个新的"互联网金融"的概念，那么"互联网金融"至少要具备两个基本特征：一是具有与传统金融截然不同的业务模式特点；二是在金融功能方面对传统金融做出某种改进。另一方面，"互联网金融"这一概念，还要对现实中的业态进行高度概括，如第三方支付、P2P 借贷平台、众筹融资平台、网络理财服务和网络金融电商等，回归金融的本质，目前这些业态绝大部分都依然逃脱不了传统金融业务在互联网上延伸的宿命。据此来看，想要把"新业态说"和"延伸说"两个截然迥异的理论，强行糅合、捆绑在"互联网金融"概念之下是十分困难的。这大概也是国外没有 Internet Finance 这一对应概念的内在缘由。

但是，与"金融"的定义随金融活动的不断发展而不断演变一样，"互联网金融"的概念也是一个历史性范畴，它也将随着金融与计算机、电子设备终端、通信网络和信息技术的不断融合，而不断丰富、发展、完善。当今社会，人们的互联网使用习惯和互联网技术的飞速发展，提供了互联网金融萌芽、生存、成长和繁茂的土壤，人类正在前所未有地实践互联网金融。也许，目前普遍存在的所谓互联网金融业态并不足以被赋予这一新的独立概念，也许互联网对金融行业渗透的端倪预示着未来作为实质性概念的互联网金融是有可能存在的。如果从历史的视角对"互联网金融"的概念进行抽丝剥茧的划分，我们将得出一个共识："互联网金融"应该是一个多层次的概念，至于其内涵和外延，随着互联网技术对传统金融实践的改良、变革、创新到颠覆，将会有不一样的界定。"新业态说"也好，"延伸说"也好，都将是这些界定中的一部分。既然现阶段的"互联网金融"实践尚在襁褓，我们何不"让子弹再飞一会儿"，待其发展成型。正如巴曙松和湛鹏（2012）所认为的，互联网与传统金融的合作与融合，既是传统金融业未来发展的方向，也是互联网金融未来发展的方向。

（二）互联网与金融业融合的不同阶段

20 世纪中叶以来，互联网信息技术与金融业的融合大体经历了三个阶段，分别是"电子金融阶段"（即金融机构与业务电子化阶段）。"网络金融阶段"以及如今如火如荼的"大数据金融阶段"（即"新业态说"中的"互联网金融"）。随着网络信息技术在金融领域的不断运用，未来还可能出现"人工智能金融阶段"。

1. 电子金融阶段

银行一直是高科技发展的主要用户和见证人。在 20 世纪 50 年代中期，电脑开始应用于银行业务的处理和经营管理，但此时还仅是从电脑的单机应用开始的。在银行业务中记账、结算等环节以及银行管理中分析、决策等环节，使用电脑可以提高速度、减轻人力负担、减少差错、改进工作。到了 20 世纪 60 年代，电脑应用又从单机处理发展到联机系统，该系统向纵横延伸：银行内部在总部与分支机构、营业站点之间发展了存、贷、汇等联机业务；银行外部在不同机构之间实行了通存通兑等联机业务。20 世纪 70 年代以来，电子通信技术与计算机技术的一体化，特别是互联网的迅速发展，被广泛应用于金融领域。1973 年，美国将以电报、电话手段建立起的"联储电划系统"改建成电子化的"联储电划系统"，即建立起联储银行间清算服务的电子计算机系统，由此点燃了金融业电子化的革新浪潮。经济发达的各国银行纷纷厉行电子化，以提高效率，降低经营成本。特别是进入 20 世纪 80 年代后，银行间实现了电子联网，出现了水平式金融信息传输网络，电子资金转账（EFT）系统也逐步发展起来，票据处理速度、支付效率和资金管理质量大大提高，节省了开支，减少了意外损失。在 20 世纪 80 年代后期到 90 年代中期，银行业率先实现了电子化并开始进入信息技术时代。这个阶段的发展与个人电脑、信息卡、电子货币等新型信息化手段的普及有关。银行陆续推出了以自助方式为主的在线银行服务（即 PC 银行）、自动柜员机（ATM）、销售终端系统（POS）、企业银行（FB）、家庭银行（HB）等多种电子网络金融服务的方式。这些服务方式的功能越来越多样化。在银行电子化过程中，还出现了高技术智能金融卡，如能提供"一卡通"金融业务服务的维萨（VISA）综合卡，以及以电子信息形式进行现金支付的票据转账的电子货币结算系统。银行电子化有利于促进"银行再造"，使银行能集中"核心"能力，获得可持续的竞争优势，从 1995 年 8 月的 123 家银行，到 1997 年全世界大概 61% 的银行——都能提供网上服务。

紧随着银行电子化进程的脚步，证券市场电子化进程也拉开了序幕，1964 年电脑首次进入证券交易场所。1968 年，美国全国证券商协会（NASD）开发了一种自动报价系统——纳斯达克（NASDAQ），并于 1971 年开通，被称为全国证券商协会报价系统。该系统通过证券商的行情显示屏适时发布场外交易市场证券行情。1974 年，美国各大证券交易所共同建成集中的交易报告系统，1978 年又开通了集中的报价系统，市场间的这两个系统，统称为集中的交易报告和报价系统 (CTRQSs)。证券市场电子化发展的最重要标志是私人实体经营的所有权交易系统（Proprietary TradingSystem），即电子交易市场的出现。第一家重要的电子交易市场是 20 世纪 60 年代末出现的由法国路透社拥有的机构网络公司（Institutional Networks Corporatio，简称 INSTI-NET），又称第四市场。它有一个交叉网络，能为一揽子股票的大额交易指令提供自动进入、自动撮合成交的服务。机构投资者通过电脑网络的帮助相互进行直接的大额证券交易以节约经纪商的佣金。大证券商也投入巨资建立相应的交易处理系统，其中最有代表性的就是摩根士坦利耗费巨资建立的"搭线"（TAPS）

系统。该系统几乎是瞬间完成交易，正确性大大提高，而且还能完成一切有关交易的文书处理工作，追踪记录每一笔交易。交易的速度和正确性提高后，证券商每天可完成更多的交易，得到更多的获利机会，因而也促进了整体交易量的迅速增长。

在银行和证券业电子化深入发展的同时，保险业也逐渐利用电子技术开展业务。但与前二者相比，保险业的电子化程度较低。

2. 网络金融阶段

到20世纪90年代中后期，以信息技术，尤其是网络技术为核心的高新技术迅猛发展，现代计算机处理技术与通信信息技术相融合，呈现出高性能、宽领域、多方向等特点，继续朝着数字化、集成化、智能化、网络化方向前进。新技术以不可阻挡的速度渗透到金融业中，出现了网络银行、网络证券、网络保险、网络理财、网上结算、网上金融信息等相关的金融业务和金融机构，并且金融创新产品和工具的流动性、逐利性、虚拟性、杠杆性和高度集中性等特征进一步凸显，突出表现在微观层面的产品定价、资产证券化技术、结构化产品越来越复杂；中观层面的场外金融衍生市场；宏观层次的复杂性，如影子银行系统。毫不夸张地说，曾经完全由人工主导的金融业，如今已经变成了计算机与人的结合，这一阶段我们可统称为"网络金融"（"cyborg finance" or "cy-fi"）阶段。

在技术进步和放松管制的条件下，新兴的金融服务和金融产品的提供者，如各类".com"和多元化经营的工商企业将可以很容易地进入壁垒不再森严的金融市场。1995年11月，在美国亚特兰大开业的第一家网络虚拟银行——"安全第一网络银行"，没有建筑物，没有地址，只有网址：WWW.sfnb.com。客户可以在任何地点、时间，只要拥有一台电脑和一个调制解调器以及一个网络账号，就可以每日享有24小时不间断的银行业务服务，它的服务包括储备、转账等，今后逐步扩展到信用卡、证券交易、保险和公司财务管理等业务。在虚拟银行越来越多的同时，原有的传统银行也纷纷创设网站开展网上银行服务。到目前为止，美国最大的50家银行中，绝大多数会提供网上金融服务。

证券业的交易和投资管理越来越信息化和智能化。技术成本的降低催生了贴现经纪人和其他中介机构的增长，并使得投资者们可以在种类繁多的投资产品中进行选择。1996年，E-trade公司建立了www.etrade.com网上交易站点，成为全球最先开展网上交易业务的站点，并在3年内就将业务扩展到全球33个国家。网络证券公司对证券经纪业务的革命性改造，使得交易成本在3年内就下降了90%。在此形势下，传统的金融机构奋起直追，纷纷投巨资于网络金融方面，以不同形式迅速建立起一支实力雄厚的"砖头加鼠标"（bricksanddicks）的金融力量。如英国宝诚保险公司，投资了5000万英镑建立了一个提供多种产品（包括存贷款、保险销售、证券买卖、信用卡等）的网上银行服务机构——"鸡蛋"公司（Egg），这个公司在短短2年内就发展了90万客户和120亿英镑的存款，还有一些传统金融机构以建立联盟的方式来共同发展网上服务，不同类型的金融产品和服务可以在同一网站上优势互补。

进入 21 世纪以来，大型金融机构运用超级计算机技术对复杂的算法程序进行高速计算，以此为基础，在二级市场上，网络金融向风险分析、资产管理和交易执行的领域扩展。如今，在风险分析和资产管理上，几乎每个大型金融机构都会使用计算和信息技术来评估风险并管理投资。例如，世界上最大的资产管理公司贝莱德集团（Black-Rock），就使用其专有的计算程序"阿拉丁"，来帮助客户管理与股票、债券、衍生产品及其他复杂金融工具相关的投资风险与资产。在 2008 年金融危机期间，美国联邦政府甚至使用"阿拉丁"来对贝尔斯登、AIG、花旗集团和"两房"等破产金融机构进行数据分析。在交易中，计算技术和信息技术带动了"黑盒交易"（black-box，一种预算预测方法）和"算法交易"的兴起，这些方法都会利用强大的计算技术，并在复杂数学模型的基础上分析市场并执行交易。如今，几乎每个大型金融机构都会编写各种形式的交易模型和策略，这些计算机程序可以处理海量的信息，分析交易趋势，它们只要简单地安装完毕，就可以智能地进行频繁交易，并在几秒钟内做出相应的资本配比。实际上，有些程序已经非常先进，甚至能在证券信息披露或新闻报告后的几秒钟内，迅速完成搜索并根据最新信息进行交易操作。其中，一个非常普遍的交易方式是"高频交易"，即以超高速执行大量交易，以寻求在短暂的市场变化中获利的计算机化交易。这种交易方式发生的速率通常以秒或毫秒来计算，而每日交易量则通常都是数十亿美元。到 2010 年，所有外汇交易中的近 30% 都由高频交易组成。在 2011 年，高频交易占美国股票交易总量的 60%、欧洲股票交易的 35%~40%，呈现逐年增长的趋势。

3. 大数据金融阶段

随着全球数据量的爆炸性增长，数据已经发展成为现如今最重要也是增长最快的资源之一。大数据是数量巨大、结构复杂、类型众多的数据所构成的数据集合，同时也是通过数据共享，交叉复用而形成的知识服务能力和智力资源。根据维基百科的解释，大数据所涉及的数据量规模巨大，以至于人工无法在合理时间内对其进行截取、管理、处理并整理成为人类所能解读的信息。网络上一切活动都可以成为数据，通过计算机作筛选、整理、分析，不仅可得到简单、客观的结论，更能用于帮助人们做出决策和规划。大数据的基本特征可以高度概括为"4V"，即 Volume(海量性)、Velocity(快速性)、Variety(多样性)、Veracity(真实性)。正如被誉为大数据时代预言家的英国牛津大学网络学院教授维克托·迈尔-舍恩伯格在其《大数据时代》一书中所述：一个大规模生产、分享和应用数据的时代已经正式开启，互联网发展的下一场革命已经悄然而至。

大数据技术对金融的影响，主要体现在大数据、社交网络、数据挖掘、云计算等方面。这些信息技术能显著降低交易成本，缓解信息不对称的问题，提高风险定价和风险管理效率，进一步降低金融市场的不确定性，拓展交易可能性边界，使资金供需双方可以直接交易，从而影响金融交易及其组织形式。最为关键的是，金融的核心是信用，相较于网络金融阶段而言，大数据金融使得抵押信用模式逐步被大数据信用模式所取代，对个人、项目或企业的海量数据进行挖掘和分析，能对其得出一个更为合理的信用评价和贷款利率。基于大数据金融的这一优势，电商、电信运营商、钢铁企业、IT企业等纷纷利用市场交易中的数据积累，涉足金融产业，发展跨界经营。此外，大数据精神的核心是开放、共享、去中心化、平等、自由选择、普惠、民主。大数据金融反映了人人组织和平台模式在金融业的兴起、金融分工和专业的淡化、金融产品简单化，以及金融脱媒、去中介化，再到金融民主化、普惠化。除投融资外，互联网金融的很多创新产品与人类生活及社交活动联系在一起，经常内嵌于APP中，产品实用化、软件化，强调行为大数据的应用，一定程度上体现了共享原则。

从目前的发展来看，大数据金融的主要模式有P2P网贷模式、众筹融资模式、平台金融模式、供应链金融模式，以及信息化的金融机构等。在今后的金融行业中，能够独占鳌头或经久不衰的企业将是那些真正能够拥有大数据、掌控大数据金融的企业。

P2P网贷模式，即Peer-to-Peerlending，也可称为点对点信贷。是指通过第三方互联网平台进行资金借贷双方的匹配，借款人可根据自己的信用状况和还款能力自主决定借款数额、利率、期限、偿还方式等条件，并在P2P网络平台上发布信息。贷款人则可根据P2P网络借贷平台提供的借款人信息，自由选择出借对象，根据约定借出小额资金并按期收取本金、利息。

众筹融资模式，即Cnmdfimding，意为创业者或小微企业等项目发起人（即融资者）通过众筹网络平台的审核后，在众筹平台的网站上建立属于自己的页面，以此向公众投资者介绍项目情况，从而向公众募集小额资金或寻求其他物质支持以获得融资。其中的众筹平台是通过接受和审核筹资创意、整理出资人信息、监督所筹资金的使用、辅导项目运营并公开项目实施成果等价值活动，从所筹集资金中抽取一定比例的服务费用作为收益。

平台金融模式，主要是指企业基于互联网电子商务平台基础提供的资金融通的金融服务，或企业通过在平台上凝聚的资金流、物流、信息流，组成以大数据为基础的平台来整合金融服务。企业通过在互联网平台上运营多年的数据累积，利用互联网技术为平台上的企业或个人提供金融服务。与传统金融依靠抵押或担保模式不同，平台金融模式主要是通过云计算来对交易数据、用户交易与交互信息和购物行为等大数据进行实时分析处理，形成网络商户在电商平台中的累积信用数据，进而提供信用贷款等金融服务。

供应链金融模式，是指供应链中的核心企业利用所处产业链的上下游，充分整合供应链资源和客户资源从而为其他参与方提供融资渠道的金融模式。供应链金融模式是在海量交易的大数据基础上，以行业龙头企业为主导，主要以信息提供方身份或以担保方的方式，与银行等金融机构合作，对产业链上下游的企业提供融资。未来，企业掌握了大数据这个核心资产就等于掌握了平台或供应链；而掌握了大数据金融，就拥有了获取现金和利润的最有力武器。大数据金融能够解决信用分配、风险评估、实施授权甚至识别欺诈问题。

与此同时，金融机构一般持有大量关于客户的、各种服务的以及交易事务的数据，并且这些数据通常比较完整和可靠，这大大方便了系统化的数据收集、数据分析和数据挖掘。

随着金融行业的进一步发展，银行、证券、保险及其他相关机构的不断融合，金融机构的各类数据正在逐步实现"大集中"，即大数据的系统性整合和储存。这是金融机构信息化发展的一个不可逾越的阶段，也是走向金融行业管理现代化的必由之路。金融行业"大数据"的过程贯穿着业务再造、机构重组，而不仅仅是"数据集中技术"。它最重要的意义在于构建一个信息化的业务及管理体系，进而奠定未来核心竞争力的基础。

4. 下一个风暴眼——人工智能金融阶段

2010年，道·琼斯启用了一个新的Lexicon服务系统。这个系统可实时地为职业投资者发布金融新闻资讯。值得注意的是，绝大多数订阅Lexicon服务的职业投资者并不是自然人，而是无数行代码所构成的计算机算法，这些计算机算法管理并控制着不断增长的全球交易活动。Lexicon已经实现了自动阅读新闻、提取关键信息以及完成股票交易的功能。这些电脑不再只是处理数字，它们已经开始代替人做决策。

2012年，花旗集团也开始运用人工智能电脑来获得客户需求分析，预测经济走势等。这台来自IBM的人工智能电脑被称作Watson，其被指称具有多项出众的技能，如能够理解自然语言，处理海量未结构化的数据，更能帮助人类的认知方式推断和演绎问题的答案。Watson除了可以提供诸如客户需求分析，预测经济走势等服务外，还能够结合个人投资履历给出适合特定客户的投资计划。

互联网正向着与人类大脑高度相似的方向进化，它将具备自己的视觉、听觉、触觉、运动神经系统，也将会拥有自己的记忆神经系统、中枢神经系统、自主神经系统。越来越多的迹象表明，互联网与脑科学具有很强的相关性。目前，科学实验正在把Google的搜索引擎、Facebook的SNS系统、IPv4的地址编码系统，思科的路由系统结合于一体，造就一个可以被称为"互联网虚拟大脑"的智能系统。2011年开始，谷歌启动了"谷歌大脑"计划，该计划以谷歌大脑为中枢神经系统，为无人汽车、工厂机器人、智能家居、智能眼镜提供源源不断的数据支持。

随着互联网人工智能与脑科学越来越紧密的联系，金融领域也将产生翻天覆地的变化，未来"金融大脑"的出现将成为可能。"金融大脑"用无数的触角到金融、经济、政治、文化、宗教、商业、社交等不同领域抓取信息和数据，将获得的信息反射回"金融大脑"的系统中枢进行筛选和分析，最终得出投资结论和决策，然后根据得出的结论和决策自动在金融市场上进行操作，并通过互联网、微信、社区、新媒体等触角反射给金融领域的机构和从业人员，从而形成一个类似人脑的闭环。这个循环中，包含了大数据金融阶段对海量数据收集、储存、挖掘的过程，还包括了人工智能阶段信息分析和反应的过程，能得出正确的预测结论是这一阶段最为关键的环节，此后，计算机能够根据预先设定的交易程序，自行在金融市场进行投资、交易，寻找盈利空间。因此，随着大数据的广泛使用、智能设备的迅速发展，将人工智能与金融结合所构成的金融大脑风暴也正箭在弦上。

（三）互联网背景下金融的特征与发展

互联网金融融合"网络"活动与"金融"活动的特点。传统的金融活动本身具有专业技术性强、运行复杂、涉及范围广以及风险性较大等特点。在网络空间进行的金融活动被打上了"网络"的烙印，具备众多网络活动所共有的特征。网络空间具有虚拟性、全球性、即时性、无纸化、无国界性等特点，在网络空间展开的金融活动同样如此。相比传统的金融活动，互联网金融活动的主要特征包括如下：

1. 从"无纸化与虚拟化"向"程式性与智能化"发展

计算机技术和信息科技在金融业中普遍使用的可能性，导致进入(从业)门槛逐渐降低。根据"摩尔定律"，从 20 世纪 60 年代以来，计算机的能力和容量的确也变得更强、更快、更便捷、更便宜。网络时代的金融机构通常表现为没有建筑物，没有地址只有网址，营业厅即首页画面，多数交易活动都通过因特网进行，没有现实的纸币乃至金属货币，一切金融往来都是以数字化的形式在网络上进行，这能在很大程度上降低金融机构的运作成本，同时也使地理位置的重要性降低，提高了金融服务的速度与质量。随着信息技术的发展，特别是软件技术的发达，网络金融活动以电脑与网络为载体全面展开，这使得大多数金融活动由人性化的智能系统进行，活动的完成只是遵照既有的指令，过程是完全程式性与自动化的。同时，自动化有利于促进金融活动克服时空限制，实现不间断作业。如今，通过对信息数据的聚合与分析，信息技术不断更新着人们对全世界的认知与见解。随着"大数据"容量和能力在技术层面的进步，金融业也将和其他行业一样，把计算机和信息技术视为一项关键的、不可或缺的基础设施建设。

2. 从"直接性与迅捷化"向"即时性与移动化"发展

互联网时代的即时性和同步传输信息的功能使得客户与金融机构的相互作用更为直接，它突破了传统条件下双方活动的时空限制。金融服务提供者可以随时提供3A(Anytime、Anywhere、Anyhow)服务，金融服务效率得到提高（Chien-TaBmceHo 等，2009）。有学者专门计算过网络银行业务和传统银行业务的经营成本，发现银行经营网点的单笔交易成本为 3.06 元，而网上银行的单笔交易成本仅为 0.49 元（蒋照辉，2011），以网络银行为代表的互联网金融交易成本明显更低。

随着平板电脑、智能手机等移动端设备的推出，其便于携带、功能丰富、操作简单的特点，使用户可以更便捷地使用互联网提供的金融服务。利用互联网，用户可以通过手机、平板电脑等客户端随时随地进行转账、支付、购买理财产品等。此外，即时性也得益于互联网金融业务操作流程的规范化、标准化，计算机在业务处理方面效率更高，可以使客户体验得到改善，提升满意度。

3. 从"金融机构之间的交叉"向"金融机构与非金融机构跨界融合"发展

互联网系统的开放性，表现为不断与外界环境进行信息、技术、能量的交换。不同金融机构之间、金融机构与非金融机构之间的界限趋向模糊化。在网络金融的运作中，各种金融机构，包括商业银行、投资银行、保险公司和其他资金资产管理公司等，提供的金融服务不断渗透、不断趋同，逐渐实现了真正意义上的混业经营。金融机构之间的界限将逐渐被打破，多元化金融服务和百货公司式的全能金融超市出现的可行性和可能性增大，金融产品和金融服务同质化会加重。

如今，互联网金融以大数据、云计算、搜索引擎等技术进步为基础，金融体系也呈现出不断创新、不断突破的过程。非金融机构通过网络也能提供高效便捷的金融服务，而银行也将向理财型、咨询式的机构转变，金融机构和非金融机构之间的界限也将逐渐被打破。非金融机构利用互联网技术的优越感，可创造出传统金融机构所没有的业务种类，丰富了金融活动，为人们提供了多样化的选择模式，使现代市场活动更趋便利和更富高效，使网络经济的重要一环——资金流动更为畅通。

另外，网络的开放性、全球性和无国界性为资本的跨国流动创造了前所未有的便利条件，储蓄和投资划拨变得更有效。需要大量投资的贫穷国家已不再受制于资本的缺乏，存款已不限于本国市场，而能够在世界各地寻求投资机会。

4. 金融的"普惠性""互助性"逐渐增强

互联网金融的特点还可以从互联网的特点来分析。互联网金融通过互联网、大数据、云计算等技术，降低了交易成本和信息不对称的程度，让那些无法享受传统金融体系服务的人群获取金融服务，实现了为各阶层（包括小微企业、社区居民和农民等）提供金融服务的可能，从而提高了金融的普惠程度。互联网金融的发展逐渐从 PC 端向移动端渗透，越来越多的移动 APP 应运而生，移动应用具有很强的互动性，如微博社区、大众点评、微信等应用程序，可以实现交流沟通、获取资讯等目的。信息在网络上快速传播的特点，使得用户能够在第一时间获取信息，信息更为透明和公开。因此，有学者将互联网金融的特征归纳为：开放、共享、信任、云计算、普惠、解构。

二、互联网金融发展背景

1. 互联网金融的定义

业界对互联网金融的定义主要有以下几种：马云（2013）认为互联网金融是互联网企业从事金融业务的行为，而传统金融机构利用互联网开展的金融业务称为金融互联网。万建华（2012）、谢平、邹传伟（2012）和侯维栋（2013）则认为互联网金融模式是一种不同于资本市场直接融资和商业银行间接融资的第三种金融融资模式，属于一种新兴金融业态。然而，吴晓灵（2013）和林采宜（2013）认为互联网金融的本质是利用互联网和信息技术对金融信息进行加工、传递，是直接融资和间接融资在互联网维度的延伸，而非直接融资和间接融资之外的第三种金融模式。

虽然业界和学术界对互联网金融并没有形成统一的定义，但对互联网支付、P2P 网贷、众筹融资等典型业态分类有比较统一的认识。2014 年《中国金融稳定报告》中，认为广义的互联网金融既包括作为非金融机构的互联网企业从事的金融业务，也包括金融机构通过互联网开展的业务。狭义的互联网金融仅指互联网企业开展的、基于互联网技术的金融业务。本文采用2015年7月18日中国人民银行等十部委联合发布的《关于促进互联网金融健康发展的指导意见》中对互联网金融的定义，认为互联网金融是传统金融机构与互联网企业利用互联网技术和信息通信技术实现资金融通、支付、投资和信息中介服务的新型金融业务模式。

互联网金融主要有以下几个特点：一是以大数据、云计算、社交网络和搜索引擎为基础，挖掘客户信息并管理信用风险。互联网金融主要通过网络生成和传播信息，通过搜索引擎对信息进行组织、排序和检索，通过云计算处理信息，有针对性地满足用户在信息挖掘和信用风险管理上的需求；二是以点对点直接交易为基础进行金融资源配置。资金和金融产品的供需信息在互联网上发布并匹配，供需双方可以直接联系和达成交易，交易环境更加透明，交易成本显著降低，金融服务的边界进一步拓展；三是通过互联网实现以第三方支付为基础的资金转移，第三方支付机构的作用日益突出。

2. 互联网金融产生的背景

（1）多方需求的共同作用

①金融机构及非金融机构需要发展互联网金融

随着金融深度和广度的提升，大众金融需求呈多样化和复杂化的趋势，传统金融的边界和市场无法覆盖长尾市场需求。传统大型金融机构银行、证券等利用互联网或信息移动技术，可减少物理网点的数量，达到降低运营成本的目的。对于中小型金融企业如基金公司等各类资产管理公司，传统的销售渠道主要是依靠银行、券商等完成销售行为，因此它无法获取客户的具体信息、客户风险偏好以及资产构成等其他核心信息。而通过互联网，这些中小型金融企业不仅可以与客户面对面交流，获取用户的基本信息，而且可以通过数据挖掘对客户信息进行归类，从而设计有针对性的理财产品以及营销方式。互联网的另一个特征，是可以将社会中零散的金融需求利用网络聚合起来，即使是小额的金融产品也可以聚少成多，获得较大效益。因此，中小型金融企业不仅可以利用互联网吸纳客户，减少自己的销售成本，还可以利用互联网技术寻求新的投资渠道，开拓大型金融机构尚未涉足的市场空白，推出创新金融产品来满足不同客户的需求。2013年6月，与支付宝联合推出"余额宝"的天弘基金，1个月的销售规模就超过100亿元，3个月天弘基金就成长为国内最大的公募基金，显示出互联网与金融融合所爆发的巨大能量。

另一方面，传统金融体系过于集中、低效及存在覆盖盲区的弊端，吸引了非金融机构尤其是互联网公司去尝试和突破这种金融壁垒。中国改革开放30多年，互联网行业也有了突飞猛进的发展，产生了以百度、阿里巴巴和腾讯为代表的大型互联网公司。2014年的全球网站流量排名中，百度、阿里巴巴、搜狐与腾讯这4家中国网站进入前10名。这些互联网企业的决策更贴近市场，对民众金融需求的敏锐度高，而且没有严格的监管及臃肿的机构设置，机制和模式都比传统金融机构更灵活，可以将业务延伸到传统金融业的服务盲区以及低效率的领域，使金融服务日趋全面、完整。

②中小客户对金融服务的需求强烈

在中国金融市场上，中小企业一直都普遍存在着融资难问题，主要是因为以银行为代表的传统金融机构，在经营过程中以追求自身利益最大化为目的。为了防止违约风险的发生，金融机构在选择投资对象时首先会考虑资产结构雄厚的大客户，因为这类大客户在经营管理上制度更完善，利润收入有保障，出现违约的概率较小。而中小客户由于资产规模较小，经营管理体系不成熟，收入来源不够稳定，很容易出现违约、拖欠现象。因此，传统金融机构在满足中小客户需求和服务上动力不足。然而据阿里巴巴的调研数据显示，在需要融资的 89% 的企业客户中，融资需求在 50 万以下的企业约占 55.3%，200 万以下的约占 87.3%，阿里小贷发放的贷款平均每笔 7600 元，贷款周期不超过半年。这一系列数据表明中小型企业小额贷款需求量是巨大的。

③网民线上金融消费习惯的逐渐形成

近年来，在政府、运营商和互联网企业共同努力下，中国网民数量逐年上升，网上金融消费变得更加普遍。2014 年 2 月，中央网络安全和信息化领导小组成立，旨在全力打造安全上网环境，投入更多资源开展互联网治理工作，消除非网民上网的安全顾虑。在运营商方面，2014 年中国 4G 商用进程全面启动，截至 12 月底，中国 4G 用户总数达到 9728.4 万户，运营商继续大力推广"固网宽带 + 移动通信"模式的产品，通过互联网 OTT 业务和传统电信业务的组合优惠，吸引用户接入固定互联网和移动互联网。在企业方面，2014 年新浪微博、京东、阿里巴巴等知名互联网企业赴美上市，使互联网成为频频见诸报端的热点词，互联网应用得到广泛宣传。互联网应用与发展模式快速创新，比特币、互联网理财、网络购物、O2O 模式等一度成为社会性事件，这些宣传报道极大地拓宽了非网民的认知、了解、接触互联网的渠道，提高了网民的上网意愿。

2015 年 2 月 9 日，中国互联网络信息中心（CNNIC）发布《第 35 次中国互联网络发展状况统计报告》，对我国近十年网民规模和结构变化情况进行了统计。2005 至 2014 年，我国网民规模由 1.11 亿人增加到 6.49 亿人，增长近 5 倍；互联网普及率由 8.5% 上升为 47.9%。互联网普及率的提高，极大地方便了用户随时随地进行购物、消费，因此有越来越多的消费者开始由线下转移至线上。

根据 2015 年 4 月中国电子商务研究中心公布的《2015 年中国互联网金融用户分析》，2013 至 2014 年我国互联网金融用户从 3.24 亿增加到 4.12 亿，增长 27.4%，表明随着互联网、智能手机上网的快速普及，我国互联网金融服务体验人群正在持续增长，预计 2016 年互联网金融用户人数将达到 5.33 亿。对消费者来说，借助互联网技术，享受的传统金融服务时间成本和费用成本能大大降低，因此逐渐形成网上金融消费习惯，也为互联网金融发展提供了群众基础。互联网金融正是在这种背景下实现了互联网行业和金融行业的融合，开创了互联网行业的一个新领域，也为金融行业的稳定发展提供了改革动力。

（2）信息技术为互联网金融提供了技术支持

①云计算

互联网金融的发展汇集了无数网民海量的各类数据，因此对数据计算速度、数据存储能力和数据服务功能提出了更高的要求，而云计算的发展正好解决了这个问题。云计算通过使计算分布在大量的个人电脑（PC）上，而非本地计算机或远程服务器中，这使得用户在需要数据时能够将资源切换到需要的应用上，根据需求访问数据存储系统。而且这样的原理也使得云计算具有扩展性强、容错率高、安全性好的特点，能够满足互联网金融对数据存储与运算的要求。

②移动支付

移动支付也称为手机支付，就是允许用户使用其移动终端（通常是手机）对所消费的商品或服务进行账务支付的一种服务方式。随着移动技术、Wi-Fi、4G等的发展，互联网与移动通信的融合已经越来越明显，有线电话与传统传媒也逐渐融合进来，而移动互联与其他网络的整合将进一步推动移动支付的发展。移动支付与互联网技术的融合为互联网金融用户提供了一个更加便捷、安全、及时、定制的服务。截至2014年12月，我国手机网民规模约达5.57亿，较2013年增加5672万人，网民中使用手机上网的人群占比达到85.8%。目前，第三方支付、银行等争相推出手机支付客户端，如二维码支付、无线支付、语音支付、指纹支付等，这样的技术创新无疑也会吸引更多的用户加入到互联网金融行业中来。

③社交网络

社交网络即社交网络服务，源自英文SNS(Social Network Service）的翻译。社交网络含义包括硬件、软件、服务及应用。一个社交网络的最大规模约为150人，平均规模约为124人。从历史来看，社交网络是一种无限拉近互联网与现实社会距离的关键技术革新，它把现实中真实的社会关系放在网上，使得社交网络成为一个发布、传递、共享信息的公用平台。社交网络降低了企业发布信息、产品推广的成本。根据中国电子商务研究中心《2015年中国互联网金融用户分析》，社交网络正成为中国网民接触互联网金融的最主要渠道，超过一半（51.5%）的网民通过社交网络了解到互联网金融。

当前，"微博""微信""QQ"等为代表的社交网络成为互联网金融在移动互联网时代最主要的传播介质，大大降低了互联网金融产品发布与宣传的成本。人们只需要在社交网络的公共号上发布一个链接，这些社交网络的推送功能，会将金融产品的信息推送给每一个社交网络的用户。其次，在社交网络中，人类的行为特点具有交换性、一致性和传递性，如果一个人发现某一个互联网金融产品不错，很快会推荐给自己的"朋友圈"，然后"朋友圈"的朋友又会推荐给各自的"朋友圈"，类货币乘数明显，使优秀的互联网金融产品能更快地被人熟知。最后，在社交网络中，人与人之间存在"社会资本"，人们的诚信度会提高，金融交易的成本会降低。

第二节 互联网金融发展模式

2013 年以来，互联网、电商等软件信息服务业厂商进军金融行业已经进入实质性发展阶段：余额宝推出两周就吸金 66.01 亿元；新浪获得第三方支付牌照，开始发行"微博钱包"；京东商城也对外宣布成立金融集团。种种迹象表明，未来金融的新格局正随着互联网金融的发展壮大逐渐成形。为了对互联网金融的模式做一个清晰的界定，北京软件和信息服务交易所互联网金融实验室从 2012 年开始，通过持续调研走访，深度解析资讯，最终梳理出第三方支付、P2P 网贷、大数据金融、众筹、信息化金融机构、互联网金融门户等六大互联网金融模式，并在 2013 年"清华金融周互联网金融论坛"上首次提出。本文对互联网金融模式的分类正是基于这六大模式。不过目前的分类也仅仅是互联网金融发展过期中初级阶段的粗浅分类，将来随着更多的互联网金融创新，也许会有更成熟的分类方法。

第一种模式：第三方支付。第三方支付（Third Party Payment）狭义上是指具备一定实力和信誉保障的非银行机构，借助通信、计算机和信息安全技术，采用与各大银行签约的方式，在用户与银行支付结算系统间建立连接的电子支付模式。根据央行 2010 年在《非金融机构支付服务管理办法》中给出的非金融机构支付服务的定义，从广义上讲，第三方支付是指非金融机构作为收、付款人的支付中介所提供的网络支付、预付卡、银行卡收单以及中国人民银行确定的其他支付服务。目前，我国第三方支付已不仅仅局限于最初的互联网支付，而是成为线上线下全面覆盖，应用场景更为丰富的综合支付工具。

第二种模式：P2P 网贷。P2P(Peer-to-Peerlending），即点对点信贷，是指个体和个体之间通过互联网平台实现的直接借贷，属于信息中介。P2P 发挥平台功能，进行资金借、贷双方的匹配，主要为投资方和融资方提供信息交互、撮合、资信评估等中介服务，为借贷双方的直接借贷提供信息服务。目前，出现了几种运营模式，一是纯线上模式，此类模式典型的平台有拍拍贷、合力贷、人人贷（部分业务）等，其特点是资金借贷活动都通过线上进行，不结合线下的审核。通常这些企业采取的审核借款人资质的措施有通过视频认证、查看银行流水账单、身份认证等。第二种是线上线下结合的模式，此类模式以翼龙贷为代表。借款人在线上提交借款申请后，平台通过所在城市的代理商采取入户调查的方式审核借款人的资信、还款能力等情况。另外，以宜信为代表的债权转让模式现在还处于质疑之中，这种模式是公司作为中间人对借款人进行筛选，以个人名义进行借贷之后再将债权转让给理财投资者。

第三种模式：大数据金融。大数据金融是指集合海量非结构化数据，通过对其进行实时分析，为互联网金融机构提供客户全方位信息，通过分析和挖掘客户的交易和消费信息掌握客户的消费习惯，准确预测客户行为，使金融机构和金融服务平台在营销和风险控制方面有的放矢。大数据的关键是从大量数据中快速获取有用信息的能力，或者是从大数据资产中快速变现的能力。因此，大数据的信息处理往往以云计算为基础。基于大数据的金融服务平台主要用于拥有海量数据的电子商务企业开展金融服务。目前，大数据服务平台的运营模式主要包括以阿里小额信贷为代表的平台模式和京东、苏宁为代表的供应链金融模式。

第四种模式：众筹。众筹的意思即为大众筹资或群众筹资，是指用团购＋预购的形式，向网友募集项目资金的模式。众筹利用互联网和 SNS 传播的特性，让创业企业、艺术家或个人对公众展示他们的创意及项目，争取大家的关注和支持，进而获得所需要的资金援助。众筹平台的运作模式大同小异——需要资金的个人或团队将项目策划交给众筹平台，经过相关审核后，便可以在平台的网站上建立属于自己的页面，用来向公众介绍项目情况。众筹模式中的股权众筹融资已被确认为我国多层次资本市场的有机组成部分。监管当局鼓励股权众筹融资中介机构在符合法律法规规定前提下，对业务模式进行创新探索，发挥股权众筹融资服务创新企业的能力。但从目前国内实际众筹平台来看，因为股东人数限制及公开募资的规定，尽管已经有"天使汇""创投圈""大家投"等股权众筹平台，但是国内更多的是以"点名时间""众筹网"为代表的创新产品的预售及市场宣传平台，还有以"淘梦网""追梦网"等为代表的人文、影视、音乐和出版等创造性项目的梦想实现平台，以及一些微公益募资平台。

第五种模式：信息化金融机构。所谓信息化金融机构，是指通过采用信息技术，对传统运营流程进行改造或重构，实现经营、管理全面电子化的银行、证券和保险等金融机构。金融信息化是金融业发展趋势之一，而信息化金融机构则是金融创新的产物。从整个金融行业来看，银行的信息化建设一直处于业内领先水平，不仅具有国际领先的金融信息技术平台，建成了由自助银行、电话银行、手机银行和网上银行构成的电子银行立体服务体系，还形成了"门户""网银、金融产品超市、电商"的金融电商创新服务模式。

第六种模式：互联网金融门户。互联网金融门户是指利用互联网进行金融产品的销售以及为金融产品销售提供第三方服务的平台。它的核心是"搜索比价"，采用金融产品垂直比价的方式，将各家金融机构的产品放在平台上，供用户对比和挑选。互联网金融门户多元化创新发展，形成了提供高端理财投资服务和理财产品的第三方理财机构，以及提供保险产品咨询、比价、购买服务的保险门户网站等。这种模式政策风险较低，因为其平台既不负责金融产品的实际销售，也不承担任何不良的风险，同时资金也完全不通过中间平台。目前针对信贷、理财、保险、P2P 等细分行业的互联网金融门户，有融 360、91 金融超市、好贷网、软交所科技金融超市、银率网、格上理财、大童网、网贷之家等。

第三节　互联网金融对金融业的影响

一、互联网金融与传统金融的区别

（一）客户对象不同

互联网金融的主要特征是服务于小额、分散的金融需求，其客户大多为小微企业和大量消费忠诚度高的个人互联网用户。在这一领域中，各类金融服务需求旺盛，但传统金融机构不能（或不愿意）提供相应的服务。而互联网金融却可以依靠其平台在信息收集、风险识别和控制等方面的优势，来降低金融交易成本，进而使更为普遍的金融服务成为可能。现有的互联网金融如第三方支付、P2P 网络信贷或众筹的主要客户大都游离在传统金融机构服务之外，其发展并没有形成与银行现有客户和业务的直接竞争，而且其发展规模与传统金融 (特别是银行业) 也不可同日而语。

互联网金融为小微企业和个人用户提供金融服务的同时更注重客户体验。互联网金融秉承了互联网平等、开放、分享、自由的精神，服务模式上由传统的面对面柜台交易转变为互动式沟通与群体参与；商业模式上通过实时交互、大规模协作实现组织扁平化、去中心化，客户群信息平台化、网络化，并可以通过数据挖掘和分析，提前发现潜在客户和潜在需求，为客户提供优质高效的产品和服务体验。

（二）支付更为方便快捷

依托网络平台、高速互联网以及平板电脑、手机等移动终端，互联网金融可使用户随时随地享用互联网提供的金融服务，实现了超级集中支付系统和个体移动支付的统一，转账、证券交易、支付等金融功能的使用更为方便快捷，只需在手机等终端按下按键即可，用户体验更佳。同时，当下的移动网络大多具有推送功能，更能让客户在最短的时间内获得自己想要的信息。

（三）信息处理和交易成本更低

传统金融业务出于网点、人工成本考虑，准入门槛较高，基本无法覆盖小型和微型资金客户，缺乏日度实时数据储存，信息处理困难或成本较高。而在互联网金融模式下，利用来自电商平台的实时数据，信息处理容易、成本较低，降低了市场信息不对称程度，交易双方在资金期限匹配、风险分担方面的成本也较小。贷款、股票、债券等的发行和交易以及款项支付在网上进行，供需双方直接交易，降低了银行、券商和交易所的中介作用，接近一般均衡定理描述的无金融中介状态。

（四）资源配置效率更高

信息交互产生的大数据信息集可为互联网金融信用体系的构建提供坚实基础，给出任何资金需求者（机构）的风险定价或动态违约概率，快速合理实现资金定价，提高资源配置效率。信息处理是互联网金融模式下的核心，作用是获取供需方特别是需求方的信息，是后续金融资源配置和风险管理的基础。通过社交网络生成和传播信息，搜索引擎组织和结构化信息，云计算建模和分析信息这三种方式可以保障金融交易具有充分的信息基础。如阿里小贷是基于交易平台所积累的庞大交易数据和信用评价体系，可对平台上的商家更加准确地进行风险评价及相关的贷后管理。

（五）产品存在差异

由于我国商业银行存款受利率管制的影响，互联网金融产品收益率远高于银行的活期利息，与商业银行的定期存款收益相差无几，但产品比后者明显流动性更强。而且互联网金融虽然提供的产品一般比较简单，收益水平比银行等常规理财产品低一些，但其资金的流动便捷性更强、门槛更低。更为重要的是，互联网金融产品给消费者提供了一种前所未有的理财消费体验，例如将每日的收益显示给客户等，为小额理财族提供了激励和方便，使理财的体验性更加真切，吸引了更多小额客户。

（六）风险程度更高

互联网金融因为监管不完善，相比传统金融机构，面临更大的经营风险。首先，互联网金融尽管其业务模式和风险管理方法与传统金融或有差异，但传统金融所面临的信用风险、流动性风险以及操作风险等，互联网金融在经营过程中同样面临。对传统金融机构而言，在承担高风险的同时，需要满足严格的审慎监管要求，即必须保有足够的资本、满足最低的流动性监管标准以及为不良贷款预留一定比例的坏账准备等，以保证自身应对风险的能力。然而，互联网金融监管尚不完善，其业务发展所带来的风险，并没有得到相应的抵补与覆盖。其次，互联网金融的互联网特性决定了它的风险因素更加复杂、多变。互联网金融除具有传统金融的风险特点外，还存在基于信息技术导致的技术安全风险与基于虚拟金融服务的业务风险，并且风险传导速度更快、诱导因素更敏感复杂。其三是互联网金融短期内盲目发展所形成的风险。金融行业的风险属性，对从业者的管理能力和素质（特别是风险管理能力）提出了较高的要求。考虑到互联网金融客户的小额、分散特征（这意味着互联网金融客户的风险要高于传统金融），互联网金融对专业能力的要求甚至还会超过传统金融机构。但就目前来看，在互联网金融热潮的鼓动下，大量企业进入该行业，导致了机构数量和交易规模的迅速上升，短期内会积聚一定的风险。一方面是许多不具备相应专业素质和能力的企业，盲目进入该领域，一段时间之后，必然会因管理不善出现问题；另一方面还有部分从事民间金融的企业，借互联网金融的热潮，行"挂羊头卖狗肉"之事。如，P2P 行业中就有一些企业事实上是民间借贷的变体，这种平台不仅存在金融风险，还面临着较大的法律风险。

二、互联网金融对金融业的影响

（一）金融机构界限模糊化

具有互联网应用优势的渠道运营商（移动、电信和联通等），利用手机注册用户系统建立自身的账户系统，涉足转账、支付等功能；电商平台企业（如阿里巴巴等），借助交易保证金制度，形成支付宝、余额宝等，拓展金融服务功能；电商企业借助其供应商与销售对象的客户关系建立起资金收付平台，并拓展服务商品流通的其他金融服务；社交网络（QQ与微信等）通过其注册用户，拓展第三方支付功能并间接管理财富；搜索引擎公司利用其数据挖掘能力，拓展金融服务功能；制造业企业借助其供应链发展供应链金融，借助销售链展开租赁、分期付款等活动；商业流通企业发展消费金融；房地产企业、艺术品公司可以依其服务属性建立起相应的金融产品。互联网技术使金融活动更便利地发掘产业价值链上下游之间的价值联系，发展信用，形成丰富多彩的企业金融活动。因此，纯粹的金融机构和非金融机构界限日益不明显。

（二）促进合作共赢模式的形成

互联网实现了各行各业的互联互通以及金融活动的全面渗透，形成全社会普遍依存的价值网络。依托互联网，实现金融网、物流网、商流网的三网合一，从而最有效地促进商业活动的进行。在合作网络中寻求合作就是寻求自身优势的最大限度发挥和自身劣势的最小成本弥合，积极加入价值创造体系去分享价值。这种合作催生出合作共赢的文化——共同维护合作关系，坚守信用，承担责任。网络化的生存，使财富真正地流动起来，在运动中增值，在运动中优化配置。对金融企业，不必再追求大而全、小而全，可以按纵向和横向形成一系列外包关系，数据管理、信用卡、存款、贷款等都可以外包。在合作体系中，保留自身的核心能力，运用合作的杠杆去实现尽可能大的价值创造。金融机构的核心能力则是价值网络中关系管理者、信用提供和维护者、产品供给服务需求对接的创新、风险管理和价值创造流程的研发。

（三）边际成本趋零化

互联网金融具有平台优势，不仅可以在几近"免费"的情况下吸引大量的客户，而且在享受服务的同时，创出网络资源的总价值的增长，形成新的增值服务内容和形式。互联网趋势下，商业模式已不再是简单的盈利模式。因为在互联网商务和金融发展的过程中，非盈利状态常主导着未来的生存与竞争力。腾讯的社交网络、百度的搜索引擎、阿里的网商平台和支付宝，都曾经一度处于免费的状态。互联网打造的共享平台，让人们习惯并依赖平台生存，形成新的经济社会生态。在这种新生态下，涌现出大量微创新，形成新价值成长空间。新的商业模式特别重视客户体验、平台分享、"微创新"、客户互动和市场拓展。这些都构成互联网金融的思维。在互联网思维下，协同共享可以逐步完善原有市场竞争方式，所有权边界的重要性下降，使用价值及资源占有的意义日渐突出，进而逐步完善并取代资本主义的生产方式和市场竞争模式，引领社会经济向一个比传统资本主义，比市场经济更高的阶段演进。

（四）颠覆传统金融企业的风险管理机制

互联网金融产生了在大数据分析运用基础上的小微授信模式以及客户分析和营销方式。与传统金融企业的风险管理相比，互联网金融采取了完全不同的路径与机制。传统银行授信的流程是针对贷款申请者的贷前尽职调查、贷中认真审查和贷后严格管理，逐户评级授信，分析其还款意愿和能力，并严格按项目、客户进行责任管理。在大数据金融下，通过大数据分析建立风险收益模型，对客户做出分类，根据客户类别建立授信机制，整体形成风险模型，按风险概率建立风险补偿资金，从整体上对冲风险。因此是一种按大数据分析进行风险概率测算下的分类管理，而不是依个别项目和客户的具体信贷管理。

（五）加剧金融脱媒和技术脱媒

互联网金融建立了供求双方直接沟通对接交易的平台，直接沟通交易信息，线上线下互动，省去了许多不必要的中间环节，迅速提升直接融资在整个社会融资中的比重。银行作为间接融资的主要渠道，其存在的根本原因是解决交易双方的信息不对称、信用不充分问题，形成的一种中介机制。当互联网使直接交易能在信息充分的条件下进行时，间接渠道的重要性就会大大降低，传统银行的业务空间将进一步收窄。面对电子渠道对柜面业务的大量替代，传统金融机构网点必须适应性地转型，形成有竞争力的线上线下结合模式，适应网络化的业务流程。在线下，客户经理要进行重点客户的维护，重视为客户提供增值服务。通过线上线下结合模式加快推进金融业务的多元化和综合化。

（六）产生新的金融中介公司

在互联网金融的新型生态中，依托互联网平台和大数据技术的新型中介公司应运而生。如大数据分析公司，为投融资者提供投资价值分析、征信评级信息和预测分析；依托网络平台的担保公司和征信公司，为 P2P 平台和众筹平台提供风险分散机制；风险投资公司，为互联网金融创新提供风险投资服务；依托互联网的投资公司，为网上直接投融资者提供投资咨询服务；此外还会派生出依托互联网金融的货币投资基金等。

第四节　我国互联网金融发展现状

一、各种模式竞相发表

近年来，国内第三方支付、P2P 网络借贷、众筹、信息化金融机构等为代表的互联网金融异军突起，各种模式竞相发展，对传统金融形成巨大的挑战，成为金融创新的主力军。截至 2015 年 6 月，央行已发放 270 张第三方支付牌照，第三方支付行业进入量变到质变的阶段，日渐成为互联网金融发展的一种重要形式。根据艾瑞咨询统计数据显示，2014 年我国第三方支付市场交易规模为 23.3 万亿元，线上交易规模达到 8.08 万亿元，占比约为 34.7%。与第三方支付相比，饱受争议的 P2P 在 2012 年和 2015 年进入爆发期。2011 年年底，国内的 P2P 网络借贷平台仅 50 个，2014 年平台数量增加到 1575 个，以平均每年 200% 的速度增长，其中 2013 年增长率高达 253.38%。2015 年上半年我国众筹产业也进入了快速发展轨道，"网贷之家"发布的《2015 年中国众筹行业半年报告》显示，2015 年上半年我国众筹平台总数量已经达到 211 家，其中 2015 年上半年新诞生的平台有 53 家，成功募集 46.66 亿人民币。除了以上互联网金融模式以外，互联网金融门户、大数据金融等新金融形态不断涌现出来，并得到快速发展，不断对传统金融业形成冲击。在互联网与金融强大的融合趋势下，传统金融机构也正在抓紧变革，或以独立的方式，或与互联网企业合作，加速信息化金融机构的布局。

二、巨头纷纷涌入

以银行、保险、证券为代表的传统金融机构巨头，纷纷迈入"互联网 +"时代。它们都加大了对互联网新技术的使用，期待在互联网金融时代到来之际，以创新和变革求得进一步发展。以银行金融机构为例，自 2012 年开始，国内银行都积极部署自己的电商平台，如建设银行的"善融商务"，交通银行的"交博汇"，民生银行、工商银行的"融 e 购""购容易"等。截至 2015 年 3 月，民生银行、北京银行、兴业银行、平安银行、江苏银行、上海银行、重庆银行、珠海华润银行、南京银行、恒丰银行、工商银行等 26 家银行正式推出直销银行。在保险业领域，2014 年经营互联网保险业务的保险公司达到 85 家（中资公司 58 家，外资公司 27 家），同比增加 26 家。开展互联网业务的财产保险公司总数达 33 家，较 2011 年翻了两番，其中中资公司 25 家，外资公司 8 家。开展互联网业务的人身保险公司总数达 52 家，约为 2011 年的 3 倍，占人身保险公司总数的 70% 以上（中资公司 34 家，外资公司 18 家）。在证券业方面，从 2014 年 4 月至 2015 年 3 月 2 日，证监会 5 次批准开展互联网证券业务试点的证券公司总数已达 55 家，占了中国证券公司总数的将近一半。上市券商中，除光大证券、东北证券以外，都已获得互联网证券业务资格。

在传统的互联网领域，电商金融化可以说已进入全面布局阶段。阿里确定了"平台、金融、大数据"三大发展战略。2014年10月16日，蚂蚁金融服务集团正式成立，旗下拥有支付宝、支付宝钱包、余额宝、招财宝、蚂蚁小贷及网商银行等品牌，其中网商银行是立足互联网，充分利用大数据等技术，挖掘互联网信用，为小微企业和普通民众服务。京东集团"四驾马车"之一的京东金融集团，2013年7月开始独立运营。京东金融依托其电商平台十年来积累起来的交易数据记录和信用体系，致力于服务京东全产业链，向企业和消费者提供融资、理财、支付等各类互联网金融服务。京东金融现已建立供应链金融、消费金融、众筹业务、理财业务及支付业务五大业务板块。搜索巨头百度也于2013年9月启动百度小贷、百度金融，布局互联网金融。

随着2015年7月24日《关于促进民营银行发展的指导意见》公布，更多产业巨头对民营银行牌照虎视眈眈。在首批获批的民营银行中，除了阿里的浙江网商银行、腾讯持股的前海微众银行以外，还有上海均瑶（集团）有限公司和上海美特斯邦威服饰股份有限公司为主发起人的上海华瑞银行，正泰集团、华峰集团为主发起人的温州民商银行，以及华北集团和麦购集团为主发起人的天津金城银行。在第二批设立民营银行申请中，目前已有超过50家企业或企业联合体向银监会发出申请，其中不乏各行各业的巨头。一时间，互联网金融成为金融巨头、互联网巨头及产业巨头们的新战场。

三、各地政府积极支持

面对热潮汹涌的互联网金融，以北京、上海、天津、深圳、广州等为代表的各地政府结合自身优势资源陆续出台政策支持互联网金融发展。2013年北京市发布了《石景山区支持互联网金融产业发展办法（试行）》《海淀区关于促进互联网金融创新发展的意见》《关于支持中关村互联网金融产业发展的若干措施》。2014年2月，天津市政府公布了《天津开发区推进互联网产业发展行动方案（2014—2016）》；3月深圳发布《深圳市人民政府关于支持互联网金融创新发展的指导意见》；6月，广州金融办向互联网金融机构公布了《广州市支持互联网金融创新发展试行办法》；7月，贵阳市政府印发了《关于支持贵阳市互联网金融产业发展的若干政策措施（试行）的通知》；8月，上海市政府公布《关于促进上海市互联网金融产业健康发展的若干意见》等。这些政策为互联网产业发展提供了一系列政策、人才、服务保障。

各地政府在出台政策支持互联网金融的同时，也正积极招商引资，打造互联网产业园。其中，北京市石景山区最早明确表态打造互联网金融产业园。2013年8月，该区开始打造互联网金融产业园区，此后，北京海淀区，上海黄浦区，深圳福田、罗湖、南山三区等密集公布互联网金融发展的扶持政策以及产业园规划情况。2014年2月，天津决定在其开发区建设互联网金融产业基地；3月，南京互联网金融中心落户秦淮区，该区设立了总额3

亿元的专项资金；

5月，贵阳宣布打造互联网金融产业园，优惠政策包括落户奖励、办公租金支持和税收奖励等；6月，华中互联网金融产业基地落户武汉江汉区中央商务区；

7月，青岛市的互联网金融产业园项目宣布落户青岛高新区；11月，上海互联网金融产业园落户浦东新区陆家嘴。2015年《关于促进互联网金融健康发展的指导意见》公布后，7月11日，广西南宁市宣布建设互联网金融产业基地，7月24日，安徽蚌埠市宣布成立互联网金融示范区……

据各地公开资料显示，目前至少有22个地方政府已宣布建设互联网金融产业园（基地、中心），除了北京、上海、深圳、广州、杭州等互联网金融发达的城市，也包括一些具备一定金融基础或IT技术的城市，如天津、南京、武汉等，还包括贵阳、青岛、重庆、成都、昆明、南宁、郑州等，此外还有廊坊、彭埠、鄂尔多斯等城市。

四、法律法规逐步完善

近年来，我国的互联网金融监管在原有的法律框架下，针对行业特点又制定了一系列的法律法规，重点是对互联网金融的规范和监管进行了补充，这些法律法规对目前互联网金融的监管进行了指导，为我国互联网金融的健康有序发展提供了政策指引。2006年，国务院办公厅印发《关于严厉打击非法发行股票和非法经营证券业务有关问题的通知》，规定利用网络向社会发行股票为非法活动；2010年6月中国人民银行发布《非金融机构支付服务管理办法》，规范了非金融机构支付服务行为；2011年8月，银监会发布《关于人人贷有关风险提示的通知》，对人人贷风险进行了提示，并要求银行业金融机构采取有效措施，做好风险预警监测与防范；2011年9月，中国保监会发布《保险代理、经纪公司互联网保险业务监管办法（试行）》，以促进互联网保险业务的规范健康有序发展；2012年5月，中国保监会发布《关于提示互联网保险业务风险的公告》，在互联网保险业向广大投保人进行了风险提示；2014年1月，《关于加强影子银行监管有关问题的通知》，将互联网金融企业纳入影子银行行列，明确了影子银行的概念和监管方向；随后在《中国人民银行关于手机支付业务发展的指导意见》《支付机构网络支付业务管理办法》《中国人民银行支付结算司关于暂停支付宝公司线下条码（二维码）支付等业务意见的函》《关于加强商业银行与第三方支付机构合作业务管理的通知》《互联网保险业务监管暂行办法（征求意见稿）》《私募股权众筹融资管理办法（试行）（征求意见稿）》等政策中，对手机支付、二维码支付、互联网保险业务、私募股权众筹融资等业务范围进行了一定程度的界定。

2015年7月18日，中国人民银行等十部委联合发布《关于促进互联网金融健康发展的指导意见》（下文简称《指导意见》），是中国首次就互联网金融出台全面的政策措施，也是第一次明确了互联网金融的边界，标志着互联网金融将纳入法治化和依法监管的轨道，进入规范发展阶段。《指导意见》明确定义了互联网金融的含义和业务模式，提出对于互联网监管将遵循"依法监管、适度监管、分类监管、协同监管、创新监管"的原则，同时对互联网支付、网络借贷、互联网消费金融、互联网基金销售等各项业务模式进行了监管职责划分。《指导意见》落地之后，《互联网保险业务监管暂行办法》于 7 月 22 日出台，对互联网保险经营条件、经营区域、信息披露、监督管理等方面进行了严格的规定，要求投保人交付的保险费应直接转账支付至保险机构的保费收入专用账户，第三方网络平台不得代收保险费并进行转支付；保险公司向保险专业中介机构及第三方网络平台支付相关费用时，应当由总公司统一结算、统一授权转账支付。这也意味着挂靠各个保险公司的微信、APP、网站的销售资质将受到严格规范。继保监会之后，银监会和证监会等部门将针对各自管辖的互联网金融业务出台相关监管细则，互联网金融行业发展将进入有法可依的新阶段。

五、创新与风险并存

互联网金融作为一个新兴领域，从来不缺乏创新。然而，创新是把双刃剑，在相关互联网金融机构积极服务企业，促进经济发展的同时，随着一些网贷平台跑路、众筹违规集资事件的发生，互联网金融政策风险、法律风险逐渐开始被大家所关注。2013 年 3 月在网上售卖原始股权的美微传媒，最终被证监会叫停；余额宝上线 8 天就因有部分基金销售支付结算账户未向监管部门备案，违反了《证券投资基金销售管理办法》和《证券投资基金销售结算资金管理暂行办法》有关规定，被证监会叫停。

P2P 行业由于长期以来在法规和管理上并没有做出明确和严格的限制，"跑路潮""离职潮"等各类问题频现。一些平台打着信息中介的名号做自融，使得 P2P 非法集资的案例屡屡出现。网贷之家数据显示，截至 2015 年 6 月底，累计问题平台达到 786 家，其中 2015 年 6 月新增问题平台 125 家，已占到全行业 P2P 平台总数的 27.9%。很多创业公司为了迅速扩张市场，不断挑战红线，恶意竞争，甚至欺诈。按照 2015 年 7 月出台的《指导意见》，厘清了 P2P 信息中介服务的性质，由银监会负责监管，随着监管细则的进一步出台，P2P 行业可能会面临倒闭潮。《指导意见》中还明确，从业机构应当选择符合条件的银行业金融机构作为资金存管，第三方支付机构的资金托管业务也面临较大的冲击。

互联网金融作为一种新金融模式，其创新机会与法律风险并存。互联网金融在一定程度上实现了金融媒介的转变及模式的创新，使金融活动的途径多样化，拓宽了企业融资渠道，促进金融市场更加活跃，提升了资源配置效率，降低了交易成本。但由于我国互联网金融仍处于发展初期，自身存在诸多问题，随着行业监管法律法规的进一步完善，整个互联网金融行业将面临一定的政策风险。

第二章 互联网金融风险研究

互联网金融进一步加剧了金融市场的不稳定性。互联网金融机构提供的各种虚拟金融服务有两种生成与运行方式：一是将传统金融机构的业务延伸到网上，即电子金融及网络金融阶段；二是创造纯粹的网上金融服务品种，即大数据金融和人工智能金融阶段。这几个阶段是逐步过渡、相互融合和交错的，它们之间并没有明显的界限划分。当前，无论是发达国家还是我国，大多都处于电子金融及网络金融的蓬勃发展期与大数据金融的萌芽期相叠加的这一阶段。

因此，这一个阶段的互联网金融面临着与传统金融相类似的风险，根据巴塞尔银行有效监管的核心原则，金融风险按其成因可被系统性划分为流动性风险、市场风险、信用风险、操作风险和法律风险等风险类别。这些风险不仅互联网金融全都具备，由于掺入了互联网的某些特质，与传统金融风险相比，在诱发因素、表现形式、危害程度等方面均有所不同。同时，互联网金融还存在着传统金融所不具备的风险，如技术风险、数据风险、系统性风险等。

当然，互联网金融同样具有市场风险、信用风险及流动性风险等传统金融的风险。市场风险是指基础金融变量的市场价值因变化而不确定，导致市场价格波动，从而会让互联网金融企业因为资产负债表项目头寸不一样而遭受损失。信用风险是指，互联网金融企业在交易中因为相对方违约，导致信用评级降低，使得互联网金融资产持有者损失不确定的一种风险。流动性风险是指，互联网金融企业以合理的价格销售资产或借入资金满足流动性供给的不确定性。

第一节 互联网背景下传统金融风险的衍变

一、互联网金融的流动性风险

流动性风险是指，金融机构以合理的价格销售资产或者借入资金满足流动性供给的不确定性。简单来说，就是金融机构虽然有偿还能力，但由于暂时得不到资金而无法偿还债务的情况。在传统金融领域，流动性风险是现代金融行业中较为常见的一种风险类型，其主要来源于三方面因素：期限错配（如存款与贷款的期限错配）、超出预期的资产损失（如大量不良贷款、大额保险理赔支出）、因市场恐慌导致的大规模集中提取、赎回（如银行挤兑、基金集中赎回）。流动性风险直接影响到金融机构的经营、信用能力，甚至可能使其陷于倒闭的困境。

互联网金融机构面对的流动性风险基本上与传统金融类似，以网络银行为例，如果网络银行将出售的电子货币进行投资，而导致没有足够的资金满足客户兑现、赎回电子货币或结算要求时，就会面临流动性风险。此外，互联网金融机构的流动性风险又有着不同的特征、表现形式和风险来源。

（一）互联网金融的资金期限错配问题

期限错配是整个金融行业不可避免的问题，因为金融的功能之一就是将短期资金转化为长期资金，实现储蓄向投资的转化，关键在于合理控制资金期限错配的程度。

在互联网金融中，某些业务模式和理财产品面临着严重的资金期限错配问题。部分互联网金融机构为了博得投资者的青睐，往往投资于期限较长的项目，以保证较高的回报率。同时，还允许客户进行 T+0 的及时赎回，使互联网金融成为和银行活期相媲美的资金管理工具。如"余额宝""理财通""百度百发"等互联网金融产品，都允许客户随时赎回资金，但货币市场基金有固定的交易时间，因此，发起该产品的互联网金融机构需要承担隔夜的市场风险和流动性风险。以"理财通"为例，之所以能够实现任何时段的 T+0 赎回，是因为在非交易时段的赎回由华夏基金和腾讯利用其部分头寸先行垫付，然后再在基金交易时间内进行结算，实际上真正结算还是要等到交易时间。从一定程度上讲，是利用基金的部分头寸汇聚了一个资金池，在非交易时段，这部分资金不产生任何收益和亏损，不受市场风险的影响。但是，如果在非交易时段，一旦发生大量资金的同时退出，互联网金融机构的资金池则有可能难以应对，导致严重的流动性风险。此外，如果互联网金融投资的基础资产，如货币基金发生价值贬损或流动性下降，也极易引发集体性挤兑事件。

（二）互联网金融的资金集中赎回问题

由于互联网金融秉持小额分散的模式理念，其投资者本来就是以普通投资者居多，与机构投资者更为理性和分散化的投资思路不同，普通投资者一般都有风险厌恶倾向，更关心的是本金的安全性和收益的高低。而且，普通投资者与互联网金融平台存在严重的信息不对称，一旦有任何可能危及投资安全的事件出现，比如某平台被发现是"庞氏骗局"，或者作为第三方的担保机构出现资金链紧张等，普通投资者会迅速将资金抽回。这种类似于银行挤兑的冲击不但会轻而易举地击垮那些资金链紧张的平台，甚至会很快将那些资产负债表非常健康的平台也拖入泥潭。

以"余额宝"为例，其是与第三方支付平台"支付宝"绑定的货币市场基金产品，客户资金可以在"余额宝"与"支付宝"间进行实时转换，赎回金融基金产品并在电子商务平台上支付货款。在 2013 年"双十一"购物高峰时段，"支付宝"实现了 350 亿元成交金额，虽然突增的赎回压力没有引发"余额宝"的流动性问题，但这并不能说明"余额宝"等互联网金融模式没有流动性风险。如果监管部门考虑到目前第三方支付财富管理的庞大规模，出于金融稳定的考虑而取消协议存款提前支取不罚息的优惠，或者协议存款单位因为资金压力而推迟支付应计利息，或者利率自由化导致银行提高存款利率至"余额宝"的同等利率水平，那么如何避免异常事件造成的货币市场基金大规模赎回压力，就成为"余额宝"等互联网金融机构的流动性与负债管理的一个非常棘手的问题。货币市场基金大规模赎回的前车之鉴，是 2008 年 9 月美国著名的货币市场基金 Reserve Primary Fund，因其投资雷曼相关债券造成资产净值（Net Asset Value）跌破 1 美元而引发的货币市场基金恐慌性赎回。在该基金宣布"破净"两天内，投资者便从优质（prime）货币市场基金赎回资金近 2000 亿美元，4 周之内共赎回了 4500 亿美元。虽然，中美两国的货币基金市场的构成有所差异，但在混业经营的大环境下，银行、保险、信托、理财、期货及衍生产品之间的资金流动更加频繁。跨市场、跨机构的横向联系日益密切，从最初的银信合作到后来的银证或银证信合作，银行更乐意将贷款转出表外，加剧了互联网金融机构的流动性风险。

此外，流动性风险不仅仅是基于第三方支付的现金管理或财富管理所面临的问题，P2P 网络借贷、电商小贷也都会面临或多或少的资产负债期限结构不匹配和外部事件冲击的影响。

（三）互联网金融机构缺乏防范与应对机制

从内部防范机制来看，金融机构为了防范流动性风险提出了相关的资本风险的概念，认为资本风险就是银行资本金过少，因而缺乏承担风险损失的能力，缺乏对存款及其他负债的最后清偿能力，使银行的安全及经营受到威胁的风险。因此，银行为防范流动性风险有着严格的管控标准，并且必须有三级备付金储备。而互联网金融机构并非商业银行，互联网金融产品，如上文所述的"余额宝"，作为客户购买的基金产品，也不属于客户备付金的缴存范围，互联网金融机构就不必为客户转存的资金缴存备付金。因此，缺乏内部有效的流动性风险防范体系，在流动性风险管控方面基本空白，处于"裸奔"状态。

从外部应对机制来看，金融机构还有着多级流动性风险应对体系，除了内部的备付金储备外，还有银行间的市场拆借，中央银行作为"最后贷款人"，以及正在酝酿的存款保险制度。而互联网金融机构却无法参与银行间市场，也得不到央行"最后贷款人"的紧急支持，如果遇到大批的投资者集中赎回，而互联网金融机构有限的自有资金是不可能抵挡的，从而造成流动性风险。

（四）我国互联网金融特殊的流动性风险——"刚性兑付"

从互联网金融的本质功能来看，应该是为借款人与贷款人提供在线的、突破时间和地域限制的资金匹配机会，并在互联网平台上制定相关参与方的行为规范，并从中收取一定的服务费用。

但是，由于我国现实国情和投资者风险零容忍度的心态，绝大多数的互联网金融模式通常会保证投资者本金的安全，使得中国互联网金融模式的设计看上去又类似于商业银行和信托等金融机构。但相比于商业银行等传统金融机构，互联网金融模式则缺少对短期负债和未预期到的资金外流的应对经验和应对举措，流动性风险成为必须要引起重视的问题。

例如，我国的大部分的 P2P 网络借贷平台不仅限于纯"线上"模式运作，实际发展中还衍生出了担保本金偿付、信贷资产证券化以及仍处于争议中的债权转让等模式。部分 P2P 网贷平台对投资者的本金提供相应担保，但这种本金保障模式很有可能将出资人面临的信用风险转嫁给 P2P 网贷平台，从而形成流动性风险。根据《融资性担保公司暂行管理办法》规定，担保公司的杠杆不得超过 10 倍，但大多数 P2P 网贷平台的成交量与风险保障金总量极不相称，远无法达到这项规定。以"人人贷"为例，2012 年，该公司网贷平台总成交额为 3.54 亿元，但风险保障金总量仅为 0.03 亿元，超担保杠杆 100 倍以上。在 P2P 网贷平台杠杆率极高的情况下，若多个项目坏账大规模出现，或者金额较大的单一项目延期偿付或违约，就会使得自有资金并不富裕的 P2P 平台陷入流动性紧张。仅 2013 年 10 月，已经出现 15 家 P2P 平台破产或陷入支付危机。

二、互联网金融的市场风险

市场风险是指基础金融变量，如利率、汇率、股价等的变动而使金融资产或负债的市场价值发生变化的不确定性。巴塞尔委员会认为，市场风险的主要类型有股票风险、利率风险、汇率风险和商品风险。随着金融产品和金融结构的复杂化，基础资产价格的浮动也能引起的金融衍生产品价格相应变动而产生市场风险。

传统金融领域的市场风险也是互联网金融机构面临的主要风险类型。市场价格变动，互联网金融机构同样会因资产负债表各项目头寸不一样而蒙受损失，只不过互联网金融的交易成本更低，当利率、汇率、资产价格变化时，用户可能会更轻易地进入或退出某种金融资产。例如，当货币基金回报率相对于存款的利率差缩小（扩大）时，用户会更容易地退出（进入）货币基金（当然，这个过程通常情况下是有序的转换，不一定会引发流动性风险）。互联网金融机构发售的理财产品会投资到金融市场中，因此，金融市场风险如股票价格的涨跌、利率的波动、汇率的变动都会影响到产品净值和互联网金融企业的公信力。同时，互联网金融产品投向的资产（如房地产行业）也会因为商业周期的波动而带来收益的变化，从而影响互联网金融产品的价值，进而影响互联网金融机构的盈利水平。

一般来说，市场风险与金融市场本身的成熟程度相关，市场越成熟，市场风险就越小。市场风险一旦大规模发生，不仅给投资者带来了极大的损失和伤害，而且会给整个金融市场带来灾难性的破坏。广大投资者很难进行市场风险的管理，必须通过政府规范市场，打击恶意操纵市场的各种违规行为，进行综合治理，使市场在公开、公平、有序的条件下运行。

三、互联网金融的信用风险

信用风险是指，因交易对方不愿或不能全部履行合同义务或其信用等级下降，而给金融资产持有者造成损失的不确定性。信用风险蕴含在金融机构的所有经营活动中，并受交易对方、发行人和借款人行为的影响。从风险的来源和形成来看，信用风险主要是由信息不对称导致的，因此，传统金融更偏重实地调查与人为判断的结合，调查人员及其他中介机构对交易对方进行谨慎的尽职调查就成为信用风险控制的有效方法。

互联网金融属于金融体系，因此也不可避免地面临信用风险。一方面，随着网络信息技术在金融业中的应用，设立网络银行等提供金融服务的方式得以实现，如美国安全第一网络银行。由于互联网金融业务具有虚拟性、开放性的特性，互联网金融中产生的一切业务，例如交易信息的传递、支付结算等都是在虚拟世界里进行的。交易双方都是通过虚拟网络产生联系，这样虽然可克服地理空间的障碍，但同时也使得对交易身份、交易真实性的验证难度增大，交易双方之间、交易者与互联网金融机构之间信用评价方面的信息不对称加剧，进而导致信用风险的上升。同时，互联网金融机构在核实抵押物和完善安全协议方面也面临挑战。例如，一位银行家说："如果没有互联网，2008年次贷造成的金融危机本来可以避免的。"在次级房贷的审核阶段互联网的运用就已经埋下了祸根，使得复杂的证券化过程简单化了。另一方面，随着大数据、社交网络、云计算及信息挖掘技术在互联网金融中的进一步应用，使得基于客户交易的数据积累成为互联网金融机构审核客户信用有效手段，大数据能有效地对交易方的信用评价进行精准化和透明化，从而提高了控制信用风险的水平。但是并不能完全排除风险的发生，信用风险管理更偏重数据挖掘与模型决策的结合，信用风险主要源于数据来源不充分、数据失真、模型设计缺陷等原因。

而且，当前社会信用体系的不完善也加大了互联网金融的信用风险。在美国，每个人都有一个记录信用分数的社保账号，而且还有世界知名的三大评级机构（标准普尔、穆迪和惠誉）来填补金融市场的信息不平衡，互联网金融机构只需要与这些机构合作，就能查看到客户及金融产品的相关信用情况。而现阶段，我国社会的信用情况和信用信息由中央银行征信局管理，绝大多数互联网金融机构没有权限共享其数据，无法更好地进行信用审核。因此，互联网金融的信用风险还应把社会的信用体系的完备性作为一项重要的考量指标。

以目前我国网络借贷为例，大部分互联网金融模式容易失去对交易者信用、资金流向以及交易真实性的有效监督，进而放大资金供给者（特别是非专业投资人）的风险。

（一）贷前借款人信用审核问题

与银行借贷不同，互联网借贷是在借款人和放款人之间直接交易的，属于直接融资而非间接融资。由于作为第三方信贷平台的金融网络只起到信息配对、撮合交易的作用，并不直接参与信贷活动，也并不属于金融机构，而属于中介机构。这种交易没有金融机构的直接参与，一般借贷的额度不高，也通常缺乏抵押或担保措施，实质上是一种信用借贷。

从 P2P 网络信贷模式来看，尽管 P2P 平台发展出了多种经营模式，在不同模式下信用风险也各不相同。而且，从信用风险的防护措施上看，大部分 P2P 网贷已经采取了诸如手机绑定、身份验证、收入证明、视频面谈等手段，但更为关键的借款人征信记录、财务状况、借款用途等信息却尚未得到详细审核。在这样的情况下，冒用他人信息，注册多个账户骗取借款的情况就得不到有效的根治。从"阿里小贷"等电商平台金融模式来看，虽然这一模式有较好的"大数据"潜力，可以通过电商服务过程中积累的注册信息、销售额现金流、历史成交记录等数据为信用核查基础。但电商平台金融机构是否能获取全面的、客观的借款人信用数据，将成为一个最大难题。首先，电商平台无法获得第三方对借款人的信用数据，如银行征信系统或社会征信系统等信息，单凭客户自身提供的一些基本资料很难进行全面评价。其次，电商平台数据伪造、虚假、失真的现象时有发生，阿里小贷主是以淘宝平台上商户的数据进行授信的，但淘宝商户常常可以利用虚假方式来提高自身的浏览量、交易量和销售额，甚至还有淘宝网工作人员寻租腐败行为。最后，在各个网络借贷平台信息相互隔绝的条件下，一家网贷平台在对借款人进行放贷时，无法得知其是否还在其他平台上也申请了贷款，无法对借款人故意隐瞒信息的风险进行规避。

（二）贷款后资金用途及流向无法监控问题

在互联网借贷平台的资金转账过程中，资金并不是由出借人的账户直接转入借款人的账户，必须通过网络平台才能实现转移，多数网络信贷平台都是通过支付宝之类的第三方支付形式来完成的，网络借贷平台的隐蔽性、匿名性、即时性使得监管部门对于资金流向的追踪更加困难。因为从第三方支付的交易流程看，在向银行下达支付指令前，第三方支付系统可以对其跨银行系统账户的余额进行轧差清算，在业务性质上可以认为第三方支付企业从事了类似于银行的结算业务。尽管仍然需要银行的底层服务，但在银行基本将中小规模的支付结算业务剥离给第三方支付机构后，作为支付中介的一般存款账户实际成为银行无法控制的内部账户。从这个意义上讲，第三方支付企业利用其在银行开立的账户屏蔽了银行对资金流向的识别，对于银行而言，每笔客户资金的来龙去脉将变得更为复杂。任何人只要在第三方支付企业注册了虚拟账户，就可以便捷隐蔽地实现账户间的资金转移。

此外，由于目前我国许多互联网金融机构只有客户交易数据，没有资金流向数据，资金很有可能遭到被挪用的风险，特别是现阶段我国网贷市场产生了一种债券转让模式，类似于资产证券化，出借人无法知道自己的资金是交给了借款人，还是被 P2P 网贷平台挪用，很可能产生金融欺诈行为。

（三）互联网金融机构缺乏信用风险的防范机制

传统金融市场，无论是银行借贷还是证券发行等，都对信用风险进行了较为完备的规范。以场内诸如期货、期权等金融衍生产品的交易为例，都是以标准化的合约形式来履行，这类交易都有严格的对冲、履约和保证金制度。交易所的主要职能在于负责金融衍生品交易的结算，确保交易合约在到期日进行交割或期限未到前平仓，这样就使得交易所内金融衍生交易的信用风险得到降低。

然而，互联网金融助长了"影子银行"体系的扩张，并使金融活动变得更复杂、更不透明。从发达国家的实际情况来看，越来越多的金融交易开始逐渐由场内转向监管更少的场外，如私用交易平台（privateex changes）和暗池交易（darkpools）。这些不透明的网络金融交易平台，由于监管极少，不仅促进了金融创新和复杂交易结构的产生，同样也助长了影子银行体系的扩张。同时，这些场外的金融交易平台及在平台上交易的金融衍生产品由于没有确保履约的制度，又没有结算司那样的专门机构，因而承受着更大的信用风险。

四、互联网金融的操作风险

操作风险是指，由不完善或有问题的内部程序、人员、系统或外部事件所造成直接或间接损失的风险。从这个定义来看，所有金融中介和金融市场里的内部程序在任何环节出现的问题、相关业务人员有意无意地疏漏都属于这一范畴；而外部事件则包括黑客团队的恶意攻击导致的系统瘫痪、信息泄露等一系列危害金融安全性的事件。严格意义上来说，操作性风险应该包括法律风险、技术风险、数据分享和安全风险等，但这些风险对于互联网金融来说也极其重要，故本书在下文中单独列出进行讨论。因此，在这里所指的操作性风险仅指除上述单列风险以外的互联网金融业务运行和管理中的人员、欺诈等风险。

随着信息技术的发展，金融业中基于人的行为和程序技术所产生的操作风险频频发生，并且其产生的恶劣影响越来越大，已成为现代金融发展最为重要的威胁之一。巴塞尔资本协议的两次修订将操作风险放在了越来越重要的位置，尤其是新巴塞尔协议对操作风险的资本补偿作了明确的规定。在互联网金融模式下，操作性风险表现出传统金融模式下所没有的特性，其内部各部分的风险权重相对于传统金融模式也有所差别，其中由内部程序和系统所造成的损失风险较传统的模式有所上升。

从操作风险的来源和表现形式看，操作风险涵盖的内容非常广泛，而且不同模式下可能产生不同形式和不同类别的操作风险。

首先，目前我国互联网金融机构良莠不齐，有一些互联网金融机构缺乏良好的经营团队和风控能力，导致由于决策失误、结算失误、交割错误以及履约错误而造成损失的风险；网络金融安全系统和产品设计缺陷、系统错误，任何互联网金融机构都可能面临计算机系统在设计运行中出现问题而导致的风险，迅速发展的信息技术也会使得系统技术过时；互联网金融机构对进入金融机构账户的授权管理变得日益复杂，时常发生没有经过明确授权而擅自使用客户账户的情况，大数据金融企业没有建立有效的防控体系，导致因系统延迟、瘫痪造成的信息遗失和信息拥堵、交易失败和客户财产损失。

其次，操作风险可能是由于工作人员或投资者操作不当导致的。例如，2013 年 8 月 16 日，光大证券套利策略系统中的订单执行系统出现问题，程序员对高频交易进行市价委托时，可用资金额度未能进行有效检验控制，导致生成巨量预期外的订单，投资者损失惨重；或者，互联网金融机构内部员工违规盗用客户资料进行风险投资；又或者，迅速发展的信息技术会令金融机构职工难以及时全面掌握其信息与技术的创新与发展，增加了产生风险的可能性。

再次，由于互联网金融是创新型产品，客户可能对这一新模式不熟悉造成的操作失误，顾客与金融机构之间发生网络金融业务时，任何错误操作，不论是无意的还是故意的，都有可能给金融机构带来风险。尤其是在金融机构未能充分向顾客宣传安全防范措施时，这种风险发生的可能性更大。

最后，互联网金融运行高度依赖电子支付平台，一旦遭到黑客攻击、病毒入侵等威胁，随时可能会出现系统瘫痪、交易异常、客户资料外泄、资金被盗用、信息篡改和窃取等重大风险事故。

银监会早在2013年3月下旬就已向各大银行下发了《关于"支付宝"业务的风险提示》，其中明确提出了五大风险，分别包括第三方支付机构信用风险、网络黑客盗用资金风险、信用卡非法套现风险、洗钱等犯罪行为风险以及法律风险，而这五大风险都可以归类于操作风险的范畴。这些操作风险主要来源于两个层面：技术安全和信息的真实性。与此同时，发展快速的P2P小微金融贷款模式受到广泛的关注和喜爱，而由于P2P模式参与门槛低、渠道成本低，使得已有的P2P企业在内部建设和风险防范上存在诸多漏洞；同时，P2P的客户主要是小微企业和普通个人用户，客户个体资质相对较差，信贷审核环节薄弱，因此P2P企业面临的信贷操作风险远远大于传统的信贷服务业。另外，我国目前缺乏针对P2P企业界定充分、监管得力的法律制度，由此可见P2P模式在诸多环节存在操作风险的隐患。

五、互联网金融的法律风险

金融的条律法规风险是指，交易过程中交易主体所依照的交易合约不具法律效力或合约变动，使得交易合约内容不合法律规范而给交易主体带来的风险。其表现是多方面的，例如，金融业务违反了相关法律法规，交易主体在金融交易中没有遵守有关权利义务的规定；或者法律法规的时效滞后，与现行的金融市场或创新有冲突，使得金融创新工具或金融衍生产品的交易合法性不明确，交易主体的利益无法得到保证；或者由于法律法规的更改、变动，使得现行的金融创新领域面临不可知风险。

一般说来，互联网金融创新最有可能面临的风险是互联网金融立法相对落后和模糊，而导致新兴的金融创新与现行基于传统金融业务制定的法律法规相冲突，不仅不能助推互联网金融机构及业务模式的发展，而且还会使得互联网金融交易主体都会承受较大的法律风险。特别是当前，我国处于"电子金融"成熟期、"网络金融"发展期和"大数据金融"萌芽期的三期交汇和叠加的阶段下，整个互联网金融行业都是在探索之中。因此，包括相关政策法律在内的配套设施也仍处初级发展阶段，整个互联网金融行业基本处于无行业进入门槛、无行业标准、无配套金融监管、无法律法规约束的状态。在这种情况下，许多互联网金融产品在开发及推广的过程中很可能游走于一些法律灰色地带，一些产品为追求高收益甚至存在违规操作的风险，不可避免地使整个互联网金融泡沫积累。同时，如果长期缺乏必要法律和政策的约束，互联网金融可能在利益的驱动下畸形发展，风险因素必然凸显。随着互联网金融行业的发展及政府部门对其认知的深化，规范互联网金融的法律及政策出现只是时间问题。如果政策风向突然改变，互联网金融的发展必然会面临政策风险，可能一些现在允许的金融产品或金融服务受到更为严格的约束或管制，甚至在新的法律政策框架内原来的业务模式不允许继续开展。

具体来说，目前我国互联网金融的法律风险有如下三种来源与方式：

（一）违法违规导致的风险

第一，一些 P2P 网贷公司在业务模式上发生了异化，出现线下调查、本金垫付，个别公司违规经营，大搞线下业务，违规发行理财产品，甚至触碰了"非法吸收公众存款""非法集资"的刑法底线。

第二，一些互联网金融机构未经许可超范围经营金融业务以及套现洗钱。金融行业是典型的持牌经营特许行业，一些互联网金融企业以"创新业务、改善客户体验"等为名，碰触监管底线。例如，P2P 网贷平台应该作为交易居间人，而不应涉及担保和债项分拆业务等活动，但是一些 P2P 网贷平台为了吸引更多的借款人，做起了担保、债权转让和资金池业务，由"信息中介"转变为"信用中介"，却缺乏相应的拨备、资本等约束。部分互联网金融企业对客户和交易的审核监督机制也不完善，很容易使套现和洗钱等非法活动藏匿其间。又如，第三方支付的"快捷支付"创新产品就与《中国银监会关于加强电子银行客户信息管理的通知》相抵触。

（二）法律法规规定不足导致的风险

首先，互联网金融的立法还在酝酿当中，使得互联网金融在法律定位上不明确，我国的民法虽然有"法不禁止即自由"的原则，但如果法律不赋予互联网金融具体明确的合法地位，就很难完全树立投资者信心。

其次，近年来，我国相继出台了《电子签名法》《网上银行业务管理暂行办法》《网上证券委托管理暂行办法》《证券账户非现场开户实施暂行办法》等法律法规，但我国的金融立法都是基于电子金融阶段制定的，并不能满足如今互联网金融的发展需求。一方面，从行政监管的角度看，欧美互联网金融公司都有明确的市场准入标准，而我国缺乏明确的市场准入、运作方式、资金监管、业务范围、交易者身份验证以及个人信息保护等法律规定；另一方面，从私人诉讼的角度看，法律法规对互联网金融交易双方权利与义务的规定大多不清晰、不具体、不全面，如在电子合同有效性界定、互联网金融消费者侵权赔偿、大数据时代客户隐私权保护等方面，目前仍没有完善的法律法规作为依据，导致相关交易行为及其结果的不确定性增加、交易费用上升，不利于互联网金融的健康发展。

（三）国际法律法规冲突的风险

互联网金融机构依靠现代通信技术与电子计算技术使其业务领域拓展到国外甚至世界上的任何角落，这也增加了互联网金融业务的国际法律风险和国家风险。尽管传统金融机构开展国际金融业务也要承担一定的法律法规差异的风险，如财务披露制度等；但对于互联网金融业务这一新生事物，一些国家根本没有相应的法律法规要求，在业务交往过程中出现问题时，互联网金融机构所要承担的责任与义务也含糊不清，这些最终都可能导致网络金融法律风险的发生。

第二节　互联网金融产生的新风险

一、互联网金融机构的信誉风险

信誉风险是指，从事互联网金融业务的机构没有建立良好的客户关系，没有树立良好的信誉，导致其金融业务无法有序开展。无论是传统金融机构还是互联网金融服务提供者，信誉风险的消极影响都是长期持续的。信誉风险不仅会使公众失去对互联网金融服务提供者的信心，还会使互联网金融服务提供者同客户之间长期建立的友好关系受到损害。由于互联网金融业务采用的多是新技术，更容易发生故障，任何原因引起的系统问题都会给互联网金融服务提供者带来信誉风险。一旦从事互联网金融业务的机构提供的金融服务无法达到公众的预期水平，或者安全系统曾经遭到破坏，都会影响互联网金融服务提供者的信誉，进而出现客户流失和资金来源减少等问题。

信誉风险对于互联网金融企业非常重要。由于互联网金融的虚拟性，交易双方不需要见面，但交易平台往往由非金融公司控制，游离于监管之外，对交易者身份和交易信息验证的难度大，且互联网技术使得信息传递更为广泛和迅速，使得互联网金融企业和监管机构采取措施的时间大为缩短。一旦互联网金融发生安全问题，对用户造成巨额损失并在社会上造成严重的不良影响，就会形成信誉风险，影响公众对互联网金融的信心。

互联网金融机构信誉风险主要表现在以下几方面：其一，当互联网金融企业的产品和服务不符合公众的预期时，有关的负面信息就会在公众范围内扩散。不论与预期相悖的结果是来自互联网金融企业本身，还是来自互联网金融企业所不能够控制的因素，信誉风险都将产生；其二，客户在接受互联网金融企业服务时出现故障，但没有得到足够的回应以及妥善的处理；其三，通信网络的问题导致客户无法及时查看其账户信息；其四，互联网金融企业在网络金融服务中出现的其他失误，也会影响客户对该互联网金融企业的信任；

其五，黑客对互联网金融企业网络系统的攻击会让客户对企业失去信心。值得一提的是，信誉风险不仅仅会影响单家互联网金融企业，当整个行业均出现问题时，客户会对整个互联网金融服务失去信任。

另外，在信息不对称的情况下，互联网金融市场可能成为"柠檬市场"。互联网金融服务是一种虚拟的金融服务，加之我国的互联网金融还处于起步阶段，客户不了解各机构提供的服务质量，这就有可能导致价格低、服务质量相对较差的互联网金融服务提供者被客户接受，而高质量的互联网金融服务提供者却因价格偏高被排挤出互联网金融市场。

二、互联网金融的技术风险

互联网金融的发展离不开信息技术，信息科技风险对于互联网金融企业的发展具有重要影响。互联网金融依托的是发达的计算机通信系统，计算机网络系统的缺陷构成互联网金融的潜在风险，比如开放式的网络通信系统，不完善的密钥管理及加密技术，TCP/IP协议的安全性较差，极易引起交易主体的资金损失。同时，互联网金融也需要选择成熟的技术解决方案来支撑，但仍存在着技术选择失误的风险，这种风险既可能来自选择的技术系统与客户终端软件的兼容性，也可能来自被技术变革所淘汰的技术方案。另外，我国的互联网金融软硬件系统大多引自国外，缺乏具有高科技自主知识产权的互联网金融设备，对整体的金融安全也有一定威胁。

而且，当前网络黑客的攻击活动正以每年10倍的速度增长，可以利用漏洞和缺陷进入主机窃取信息、发送假冒电子邮件等。而计算机网络病毒可通过网络进行扩散与传染，传播速度是单机的几十倍，一旦某个程序被感染，则整台机器、整个网络也很快会被感染，造成极大的破坏。在传统金融中，安全风险只带来局部损失，而在互联网金融中，安全风险造成整个网络的瘫痪则是一种系统性风险，会导致严重的客户资料泄露，交易记录损失，流失大量客户，损害互联网金融信誉。

根据德意志银行2006年的研究报告，客户对互联网金融企业信息技术安全的担忧比对互联网金融企业所提供的其他方面的服务的担忧均要多。

（一）系统性的安全风险

互联网金融依托发达的计算机网络开展，相应的风险控制需由电脑程序和软件系统完成。因此，计算机网络技术是否安全与互联网金融能否有序运行密切相关，计算机网络技术也成为互联网金融最重要的技术风险。互联网传输故障、黑客攻击、计算机病毒等因素，会使互联网金融的计算机系统面临瘫痪的技术风险。

一是密钥管理及加密技术不完善。互联网交易的运行必须依靠计算机来进行，交易资料都存储在计算机内，并通过互联网传递信息。然而，互联网是一个开放式的网络系统，在密钥管理及加密技术不完善的情况下，黑客可以在客户机传送数据到服务器的过程中进行攻击，甚至攻击系统终端，对互联网金融的发展造成危害。

二是 TCP/IP 协议的安全性较差。目前互联网采用的传输协议是 TCP/IP 协议，这种协议在数据传输过程中力求简单高效，注重信息沟通通道畅通，但没有深入考虑安全性问题，导致网上信息加密程度不高，在传输过程中容易被窥探和截获，引起交易主体的资金损失。

三是病毒容易扩散。互联网时代，计算机病毒可通过网络快速扩散与传染。一旦某个程序被病毒感染，则整台计算机甚至整个交易网络都会受到该病毒的威胁，破坏力极大。在传统金融业务中，安全风险只会带来局部的影响和损失，而在互联网金融业务中，安全风险可能导致整个网络的瘫痪，是一种系统性的技术风险。

（二）技术选择风险

互联网金融技术解决方案是开展互联网金融业务的基础，但如果选择的技术解决方案存在设计缺陷或操作失误，这就会引起互联网金融的技术选择风险。技术选择风险可能来自信息传输过程，也可能来自技术落后。

一是信息传输低效。如果从事互联网金融业务的机构选择的技术系统与客户终端软件的兼容性差，就很可能在与客户传输信息的过程中出现传输中断或速度降低，延误交易时机。

二是技术陈旧。如果从事互联网金融业务的机构选择了被淘汰的技术方案，或者技术创新与时代脱节，就有可能出现技术相对落后、网络过时的状况，导致客户或从事互联网金融业务的机构错失交易机会。在传统金融业务中，技术选择失误一般只会导致业务流程缓慢，增加业务处理成本，但在互联网金融业务中，信息传输速度对市场参与者能否把握交易机会至关重要，技术选择失误可能导致从事互联网金融业务的机构失去生存的基础。

（三）技术支持风险

由于互联网技术具有很强的专业性，从事互联网金融业务的机构受技术所限，或出于降低运营成本的考虑，往往需要依赖外部的技术支持来解决内部的技术问题或管理难题。在互联网技术飞速更新换代的今天，寻求外部技术支持或者是技术外包是发展互联网金融业务的必然选择，有助于提高工作效率。然而，外部技术支持可能无法完全满足要求，甚至可能由于其自身原因而中止提供服务，导致从事互联网金融业务的机构无法为客户提供高质量的虚拟金融服务，进而造成互联网金融的技术支持风险。

另外，我国缺乏具有自主知识产权的互联网金融设备。目前使用的互联网金融软硬件设施大都需要从国外进口，对我国的金融安全形成了潜在威胁。

三、互联网金融的数据风险

（一）数据噪音风险

由于数据在互联网中具有传播速度快、范围广的特点，因此互联网条件下的资本市场更易受到网上突发信息的影响。图马金和怀特洛（2001）对美国最热门的股票论坛 RangingBull.com 自带的打扮功能进行了研究。通过该功能，发帖人可以在股票论坛发帖时自愿对该股进行评价，可供选择的有：买入、持有、卖出及强烈卖出。在提取发帖人的评价信息后，作者将其与对应的股票收益率及交易量进行匹配分析。结果发现，那些发帖数量特别多或者发帖者表达了强烈正面情绪的日子，往往伴随着更高的超额收益率和成交量；但是，在发帖者表达强烈负面情绪的日子里，收益率与成交量并没有明显降低。Amweiler 在 2002 年通过 Yahoo!Finance 股评数据的研究发现，股评数量和股市波动、股市收益存在相关关系，在 2004 年分别利用了 Yahoo!Finance 和 RangingBull 上的数据证明了在线股评数量可预测股票交易量和波动。萨博尔在 2008 年通过事件研究和回归分析法分析了 The-Lion 上的股评信息，发现在线股评数量与异常变动，在股票成为讨论热门股的当天，股票会产生 19.4% 的异常收益。

在互联网金融高效性、一体化的作用下，资本市场上微小的问题都可能带来极大的影响。任意时刻危机的出现都可能通过网络迅速传达到整个金融系统，引起一系列连锁反应。现在，借助于计算机与网络技术，资金跨地域的大规模传递已经成为可能。因此，不论是人为或是技术故障导致的资金异常变动必将加剧资本市场的整体动荡，从而使整个金融市场更加不稳定。当然，网络金融资金的大规模快速流动还将导致中央银行难以准确了解金融机构资产的实际情况，造成信息不对称，使得风险集中的速度加快，风险形式更加多样化。

（二）数据库安全风险

互联网金融机构一般都会购买数据库来维护各种交易信息和管理信息，这些大量集中存放重要数据的数据库系统成为重要的安全隐患，不但网络外部人员希望得到数据库的访问权限，内部员工也可能利用数据库系统的漏洞来获取有价值的数据信息。因此，避免数据库被不合法的使用造成数据泄露、更改或破坏是这些企业和机构极为关心的安全问题之一。

关于数据库安全保护方面美国着手较早，从 20 世纪 70 年代就开始了。1985 年开始实施的 SeaView 计划提出了多级安全数据库管理系统的重要概念。在商用系统方面 Oracle、Sybase、Informix 等重要的数据库供应商相继开发了 B1 级安全数据库产品，属于领先的产品。但真正实用的 B2 级商用数据库系统还未出现。

总的来说，对数据库的威胁主要来自不正确的访问、故意破坏、未经授权的非法访问、未经授权的非法修改、来自外部网络的恶意访问等。由于数据库系统中存储的数据必须提供某种程度的共享以便人们合理使用，而这些数据重要程度不同，访问者所应该拥有的权限也不同，因此数据库的安全访问是个很复杂的问题，仅仅采用安全操作系统和防火墙等网络防护技术是不够的。除了对计算机、外部设备、联机网络和通信设备进行物理保护外，还要采用良好的访问控制和加密技术，以防止非法访问和盗用机密数据的发生，同时要保证数据的完整性和一致性。

四、互联网金融的大数据运用风险

"大数据金融"革命性地降低了批量获取尾部客户的成本，使长尾时代的到来成为可能。谈到大数据，人们首先想到的是商业智能和无限商机，但实际应用中，要对其保持客观和理性的态度，技术方面更要谨防"大数据陷阱"。大数据分析和挖掘算法可以帮助金融企业找出很多潜藏在数据里的"规律"，但这只是商业智能的必要条件，而非充分条件。值得引起高度关注的是，数据量大不一定就是好事。

一方面，当数据量从几十条变为几百条、几千条、上万条甚至更大时，很多微弱相关的变量会在大数据里变得显著相关，很多实际并无关联的变量会呈现相关的表象。在这种情况下，如果不加甄别地盲从于数据挖掘的结论，往往造成模型运行中的偏差，或加速模型本身区分能力的退化。这方面失败的案例很多，基本都是过度挖掘的结果。

另一方面，大数据不仅仅是"大"，更要求"全"，即不同领域、不同来源的数据需要进行整合汇集，这也意味着数据种类和形态变得更为多样和复杂。然而，数据"全"是一把双刃剑，既赋予了数据挖掘无尽的想象空间，也带来了数据质量的良莠不齐。特别是互联网"全民造数"时代，数据应用者必须审慎区分数据的真实性和可靠性，即哪些属于客户真实的交易数据，哪些则可能属于客户在好奇心理驱动下的"试试看"行为。因此，数据挖掘要谨防"伪规律"。防范大数据滑入"陷阱"要做到三个尊重：一是尊重数据质量，在充分了解数据来源、意义和规则的基础上，做好数据质量的甄别、纠正和取舍；二是尊重小数据时代的统计分析规范，如合理抽样、充分验证等，并在必要的情况下，进行严格的实验设计，以确定因果关系的存在性；三是尊重相关领域专业知识和专家经验，不能唯数据或唯挖掘，而是要在数据分析和应用的全流程引入专业经验，并对模型规则进行合理的经济学解释。

例如，电商金融依据大数据建立自动化量化贷款发放模型，显著提高放贷效率，降低放贷成本，取得了任何传统金融机构都不能达到的人均放贷数量。标准化的量化放贷模型依赖于大量的参数设置，由计算机网络控制，当用户进行贷款申请时，自动对用户进行筛选、计算放款额度并发放贷款，用数据计算代替人工审核。量化放贷的风险大小与经济形势高度相关，在依据良好的经济发展条件下设置的量化放贷模型参数，当面临经济衰退时，很多设置的参数都失去了意义，如果电商金融不能适时应对经济风险而继续大规模的量化放贷，很可能在短时间内就出现大面积坏账。所以，电商金融需要建立起能够很好地应对经济形势的风险机制。

五、互联网金融的垄断风险

计算机硬件和通信设备一直是市场参与者的主要投资资源。"高频交易"更是做到了极致。除了在内存容量和 CPU 速度的不断更新方面存在大量需求外，并行计算、软件硬化技术等也在二级市场电子交易中不断得到应用。计算机以及通信硬件的使用主要是帮助市场参与者解决两方面需求：一是希望迅速处理大量行情数据和模型数据，以便在最短时间内对市场价格和交易量得出正确的判断。在这个过程中，越来越多的复杂数学模型被采用，为此提高单位时间内计算量的需求也不断增加；二是希望能够在最短时间内搜集到市场行情数据，并在确定买或卖的信号后，以最短时间将委托发至市场，并在市场接受委托请求后，在最短时间内得到确认。近些年来，通过硬件来加速的一些技术，如现场可编程门阵列（Field Program-mable Gate Array，FPGA）等在电子交易系统中不断得到应用。

但是，由于成本较高且并不普及，金融市场的参与者在计算机硬件和通信设备的投入就像"军备竞赛"，硬件的更新日新月异。"大数据"所涉及的一些技术在高频交易中几乎无所不在。当越来越多的市场参与者拥有了较高水准的硬件设备后，真正比较的便是谁的软件系统和量化模型更先进。对价格和交易量的瞬时判断往往需要借助数学模型，这些数学模型是市场参与者极力保密的核心知识产权。因此，这些在竞争中胜出的互联网金融平台，将获得垄断地位，进而将侵犯金融消费者的合法权益。

第三节　互联网背景下金融风险的特殊性

多数学者对互联网金融风险的特点有不同的认识，综合起来，大致有如下几种观点：一是传播性强。互联网金融利用了网络技术，其开放共享的特点决定了金融要素和金融信息传播的速度更快、范围更广，再加上移动终端的使用，能够更快地传递到每个人，从而影响市场的金融行为；二是瞬时性快。互联网具备快速远程处理功能，资金流动速度变快，范围变广，支付清算更加便捷有效，然而一旦出现"失误"，也使得回旋余地缩小，补救成本加大；三是虚拟性高。互联网金融交易几乎全在网上进行，交易的是"虚拟化"的数字信息，时间、地域的界限已经不重要，交易对象、目的、过程更加不透明，一定程度上的信息不对称性增加；四是复杂性大。互联网信息系统的复杂性，降低了对网络的安全信任度，信息资源的共享性、便利性增加的同时，也加大了网络失密、泄密的可能性。互联网节点多，也使得可攻击点增多，再加上网络环境的开放性，使得互联网金融边界模糊，增加了金融风险的可能性。

针对互联网金融风险的特殊性，中国光大集团总公司执行董事、常务副总经理高云龙指出：互联网的"开放"和"即刻传播"是其主要特征。从互联网的这两个特征出发，笔者认为互联网金融的风险特征突出表现为"传染性"和"快速转化性"。

一、传染性

传统金融网络模型认为，完全网络模型有助于分散流动性冲击进而降低金融体系的风险，提高系统的稳定性。而盖、霍尔丹和卡柏迪亚认为，如果网络结构集中度高，那么该结构内节点之间的关联复杂程度较低，传染发生的频率会更低，破坏性也会更小；而当系统关联度高的时候，传染反而更容易蔓延。阿西莫格鲁、奥斯戴格尔和陶百兹·萨利希认为，对于复杂的金融机构网络，在金融市场处在正常的情况下，金融风险会得到很好的分散；但在金融危机来临时，由于传染性的存在，金融风险反而传递更广泛，更容易引起大面积的风险爆发。这种传染机制的载体是信息。互联网技术的发展加速了信息在消费者之间的共享程度。当金融体系处在正常时期时，信息的广泛共享有助于消费者做出理性的决策而降低风险。但当金融体系处在动荡期时，信息的快速传导会使得消费者在同一时间做出同一决策，形成"个体理性的加总不等于整体理性"的情形，从而出现"宏微观悖论"，加速传染的蔓延。从互联网"开放"的特征出发，笔者认为互联网增强了投资者和金融机构风险的传染性，增加了风险的影响"面"。互联网金融的发展反映了普惠金融理念，因而互联网金融产品的参与者往往非常多。而在网络媒体如此发达的今天，关于互联网金融企业的负面消息（如技术故障）会在投资者之间很快地传递和共享。不同的投资者会做出相同的反应（如撤资），因而互联网增加了不同投资者之间行为的传染性。同时，互联网金融企业如某家 P2P 贷款公司的不良信誉传播开来后，对 P2P 贷款行业并不知情的投资者很可能开始对整个 P2P 行业不信任，因而撤资或远离这个行业。这样，某个机构的信誉风险进而传导到这个行业的其他机构。

二、快速转化性

从互联网"即刻传播"的角度出发，互联网加速了不同风险之间的互相转化。虽然互联网金融并没有增添新的风险种类，但是非金融风险对于互联网金融的发展来讲，重要性显著提升。互联网金融提升了信息科技在金融业务中的重要支柱性作用，使得非金融风险和金融风险之间的相互转化速度变得更快。在具体实践中，风险的爆发和传染往往是多来源、多路径的，既可能是企业战略失误（如信贷机构出现了严重的不良贷款损失），也可能是企业操作失误（如系统超负荷导致营业中断），也可能是黑客攻击（如账户信息大规模泄露），还可能是竞争对手蓄意谣言（如恶意诋毁竞争对手存在严重安全漏洞），还可能是个别企业的违规行为被媒体曝光引发公众对整个行业的不信任（如个别 P2P 平台跑路）等。又比如，风险的传染路径可能是沿着"操作风险到信誉风险再到流动性风险"的路径，也可能是"信用风险到信誉风险到流动性风险"等。以互联网银行为例，信息系统的某项错误可能会引发客户在网上发表"负面消息"，进而会引发网上挤兑支取，金融机构因而会出现流动性风险（即无法保证全额兑付），而流动性风险又可能会引发信用风险（即无法偿付其他债务），进而信誉风险也会变大（更多的投资者开始怀疑这家机构），此时金融机构将会面临更为严重的流动性风险。再比如，某项政策的出台导致互联网金融产品的使用者挤兑支取（或存款），这有可能加大信息系统的负荷而引发信息系统风险，进而带来信誉风险。互联网的特点就是信息传递更快捷，因而互联网将加速不同风险转化的速度。

互联网金融企业在制定经营战略后会面临战略风险，而企业制定的战略决定了企业的市场风险，进而决定了可能遭受的市场冲击类型。如果金融市场出现动荡，一旦互联网金融企业遭受市场冲击，可能会造成互联网金融企业偿付能力不足，企业信用风险开始增加，而此时互联网金融企业的操作风险、信息科技风险以及法律合规风险也有可能迅速增加。这些风险信息会通过互联网快速传递给消费者，此时互联网金融企业的信誉风险随之增大。一旦消费者开始大规模赎回，互联网金融企业就会面临流动性风险。在经营中互联网金融企业与银行存在千丝万缕的联系，因此互联网金融企业的流动性风险会对银行流动性产生压力，进而给银行带来流动性风险。一旦这种流动性风险在金融体系内传染，整个金融体系就会面临流动性压力，系统性风险爆发的可能性会增加。

第四节　互联网背景下的系统性金融危机爆发的新因素

金融危机通常是指金融机构的"头寸"短缺，金融机构的运作难以为继，面临破产倒闭的危险。概括地说，金融风险与金融危机的不同点是：金融风险是可能性，金融危机是现实性；金融风险一般是局部的，金融危机是全局的；也可以说金融危机是金融风险的转化。金融风险会不会转化为金融危机取决于以下因素：①风险的支撑度。支撑实际上就是保障，不论是中央政府给予保障，还是地方政府给予保障，一般说来政府出面给予保障，金融风险就，不会转化为金融危机；②机构的信用度。信用度高，即使存在金融风险，也不会转化为金融危机，相反，就会转化为金融危机；③风险的扩散度。风险的存在能够扩散，如果一旦发生不立刻制止，扩散开来便不好收拾；④风险的承受度。承受能力强，就可以避免发生金融危机；⑤风险的消除度。如果有条件消化，便不会发生金融危机。

随着互联网金融体系的发展和壮大，系统性危机也接踵而至。2008 年以来，"太大到不能倒"的系统性危机已倍受关注，指的是大型金融机构变得对整个经济体系太过重要，以至于政府不得不用公共财政去救助这些经营失败的私人公司。从传统金融向互联网金融的转型，又诞生了两个新的系统性金融危机的爆发因素：一个与紧密复杂的互联有关，被称为"太互联而不能倒"；另一个与速度有关，被称为"太快而不能挽救"。

一、太互联而不能倒

在互联网金融的时代，众多的金融参与者和金融产品共同存在于一个扩张的全球金融网络中，这个网络跨越了机构、行业、工具以及国家，导致了互联太紧密而牵一发而动全身的系统性风险。如今，商业银行、投资银行、共同基金、对冲基金、主权财富基金和其他金融参与者都在同一个金融网络中活动并深陷其中，他们之间的牵连比以往任何时刻都要复杂和深入。例如，摩根大通公司通过提供广泛的服务与产品和大量的交易对手方进行了链接，包括投资银行、商业银行、小贷公司、做市商、交易商、结算机构、保管服务商和主要经纪商等。此外，这些现代的、高科技金融链接很难被完全打破，并且本来就容易发生事故，这与 Charles Perrow 在其对科技风险开创性研究的《正常事故》中所述一致。

在过去，一个金融工具、一家金融机构或一国金融系统由于地理关系而很容易与外界隔离。在新金融业中，金融参与者和金融产品在网络空间中越来越紧密的联系，导致地理边界的隔离作用越来越小。例如，在本次金融危机中的担保债务凭证（CDOs）和抵押贷款证券化（MBSs）就是跨越了多个金融机构，将数以千计的抵押贷款、数以百计的分期付款和证券化产品紧密地联系在一起。从今往后，一个金融工具、一家金融机构或一国金融体系的倒塌，都能引起蝴蝶效应，影响到所有的金融工具、金融机构和世界金融体系。

不同于"太大而不能倒"，这种新兴的"太互联而不能倒"的系统性风险也可能会由规模较小的金融参与者的倒闭而引发，因为尽管他们并不归属于系统重要性金融机构，但在互联网金融体系中过度的互联将波及整个系统。例如在 1998 年，联邦储备委员会对长期资本管理公司发起了 36 亿美元的产业救助计划，长期资本管理公司是一家员工不超过200 人的中小型对冲基金公司，但几乎所有的大型银行都与这家机构有着千丝万缕的关系，它的倒闭会对华尔街造成重大的损失和普遍的恐慌。自此，对冲基金和其他金融中介机构只有在规模和数量上日益做大，才能进一步加剧"太互联而不能倒"的风险。近期的许多危机事件也表明了"太互联而不能倒"的存在，在 2008 到 2013 年中，贝尔斯登和雷曼兄弟的破产，连同希腊、意大利、西班牙的主权债务危机交织在一起，共同为全球金融体系施加了极大的压力。

事实上，"太互联而不能倒"的风险还将进一步复杂化，如今众多的金融参与者都从事着类似的交易和互相依存的发展战略。如此，由于共同的概念偏差，这些参与者可能存在同样的缺陷所以，任何单个参与者或单个产品的失败，不仅仅会影响其他参与者或产品，而且由于恶性循环还能对整个全球金融体系造成震荡。具体来说，交易急剧下降所生成的反馈回路将对危机产生溢出效应，波及整个金融系统。

随着互联网金融的扩张，在未来几年里金融业内的联系将会更为复杂和多样，这也加大了"错误"的发生风险和概率。由此，应对"太互联而不能倒"造成的系统性风险也将变得越来越具挑战性和紧迫性。

二、太快而不能挽救

在新兴的互联网金融业中，金融交易以令人难以置信的速度操作着，数万亿美元金额的交易可以通过海底电缆和光纤以毫秒的速度在国家间完成。加快的速度导致更快的执行和更快速的流动性与投资周转。在第二次世界大战结束时，一只股票的持有期平均为 4 年。到 2000 年是 8 个月，到 2008 年是 2 个月，而 2011 年仅仅为 22 秒。在未来互联网金融时代，金融工程师们将会利用如量子计算（quantum computing）等新科技，将交易速度提高至趋近于光速。交易速度如此提高下去，将引起新兴的系统性风险——"太快而不能挽救"。

虽然金融的速度加快有利于提高效率，但同时也加速了错误和传导的风险，而且使得市场与监管者都来不及反应和制止。交易员仅仅一个操作过错或失误，就能在极短的时间内对一家金融机构甚至整个金融系统造成重大损害，因而他们通常被称为魔鬼交易员（roguetrader）。2008年，法兴银行交易员杰洛米·科威尔擅自设立仓位，在未经授权的情况下大量投资欧洲股指期货，导致银行损失高达49亿欧元，超过了金融史上最臭名昭著的巴林银行案。在2011年，另一个魔鬼交易员也因未授权交易，给瑞银造成了23亿美元的损失。

与人工交易员相比，自动化的交易程序形成的"太快而不能挽救"的系统性风险更为严重。自动化程序应对不良数据或负面刺激做出反应，在采取有效的补救或救援措施之前，可能已经给金融机构造成灾难性的伤害。自动化程序在高速下运行，将会加剧波动和传导效应，并在恐慌期间消除了市场中的交易头寸，大大降低了流动性。"闪电崩盘"同样也可以被视为"太快而不能挽救"的一个典型例子。

互联网金融开启了金融史上由计算机执行交易的时代，远远快过了人工操作，并且这种差距还在逐渐扩大。在某些方面，2010年"闪电崩盘"和1987年的"黑色星期一"股市崩盘有着共同的原因——算法交易应用的扩大。但他们在一个关键点上有所不同，监管者能切实有效地对1987年崩盘进行干预，但在"闪电崩盘"时，监管者可能在弹指间就错过了干预的大好时机。

此外，互联网金融强调高速也意味着，金融行业可以为了追求速度和效率而牺牲安全原则，使防止系统性金融灾难更为困难。虽然过去也可能发生过类似的灾难，但灾难发生和持续的时间都比现在更长，监管者也有更多的机会施行干预。

随着互联网金融的加速发展，未来由"太快而不能挽救"造成的系统性风险会显著增加，并且更难以应对。

第三章　互联网金融投资者准入制度研究

近年来，随着大数据、云计算等前瞻性信息技术在金融活动中的运用，资金供需双方的信息更为对称，风险分担成本极大降低。互联网金融的运行机制和主体结构，呈现出去中心化、网格化、交互共享等鲜明特征，成为有别于传统金融的一种新金融形态。互联网金融在数据资源丰富的领域及长尾市场中表现出更高的效率，更有利于满足中小微企业和个人投融资需求，拓展普惠金融的广度和深度。因此，互联网金融将成为多层次金融服务体系中的重要一环，与传统金融体系形成优势互补。然而，在这一新金融形态中，各方参与主体的地位和作用相应地发生了巨大变化，权利契约也面临着重新构建。传统金融体系下法律监管的各项制度能否继续适用，有待于重新审查，以使得互联网金融监管与实践发展同步，保持监管的有效性。

从目前陆续推出的互联网金融监管立法来看，互联网金融的投资者准入的制度安排在很大程度上是对传统金融监管的复制，即将投资者按一定的能力标准进行分类，提供差异化的市场、产品和服务，并严格监管。例如，在中国人民银行等十部委联合发布的《关于促进互联网金融健康发展的指导意见》中，提出要建立互联网金融的合格投资者制度，并明确互联网信托要遵守合格投资者的监管要求。除互联网信托外，互联网金融还包括P2P网络借贷、股权众筹融资、电商小额贷款、互联网消费金融等多种业务模式，对此，在国内外的监管中都有相应的投资者准入要求。例如，美国部分州要求本州投资者在P2P网络平台上贷款，必须遵守最低收入或财产的合适性标准。又如，在股权众筹中，由于美国证监会迟迟未颁布公开发行的豁免规则，众筹只能遵守私募的合格投资者规则，进行非公开发行。同样，我国证监会颁布的《私募股权众筹融资管理办法（试行）》（征求意见稿）中，明确众筹的私募性质，并为众筹投资者设定了较高的准入门槛，引发了市场参与者及研究者的较大争议。

然而，传统金融投资者准入制度的出发点在于这样一个前提认知：资本市场存在投资者的差别性风险投资需求与政府类别监管的需要，同时防范风险投资教育不足或风险防范能力较低的投资者陷入投资陷阱或认知判断有误引发的社会成本与金融损失。经由投资者限制准入这一类似防火墙的准入机制，能在一定程度上起到风险提示与风险阻遏的机能，但是信息技术的发展改变了互联网金融中信息的储存、分析与传播模式，大大提升了互联网金融投资者的各项能力，使其能根据自身的风险偏好进行投资选择和资产组合，而且给互联网金融的交易模式和市场结构带来了巨大变革。在这一背景下，互联网金融将场内和场外、私募和公募的界限打通，将一对一和一对多的产品销售打乱了。我们必须考虑到，互联网最大的特性就是通过平台使得线下的一对一模式变成了公开模式。传统的场内、场外对消费者保护体制的不同，随着金融领域的创新，旧的政策、法律和管理框架会越来越无法有效保护在半机械化时代下的新投资者。新的问题和挑战将会出现：这样或那样的问题会迫使法律重新思考在金融创新的背景下其内容和目的。互联网金融投资者已经不需要投资者准入制度下的防火墙机制。在网络经济时代，监管者基于传统技术和金融模式所确立的监管规则与法律规制，往往捉襟见肘。

第一节　传统金融投资者准入的制度分析

传统金融投资者准入制度并非一个标准的法律称谓，本节为了与互联网金融投资者的准入制度进行比较，将互联网金融模式出现前的金融市场相关准入制度进行了统称。目前，我国在创业板、新三板市场，私募投资基金、股指期货、融资融券等业务中已经实施了合格投资者制度，并在《证券公司监督管理条例》《关于加强证券经纪业务管理的规定》等行政法规、行政规章和自律性规则中作了相关规定。2008 年金融危机开启了新一轮的金融法制变革，世界主要国家纷纷进行了金融消费者保护立法，其中"适当性"要求也可视为一般消费者对金融产品购买的一种约束条件。因此，上述制度都可归为"传统金融投资者准入制度"。同样，证券投资者和金融消费者也都统称为"传统金融投资者"，以便与"互联网金融投资者准入制度"及"互联网金融投资者"形成对应概念。

此外，之所以进行上述统归性划分，也是由于传统金融投资者准入制度的设计目的一致，都是为了进行投资者保护，调节和抑制金融市场风险，以市场禁入的方式将一部分投资者拒之"高风险金融产品"的门外。而且，从法律规范分析的角度来看，传统金融投资者准入制度的准入限制标准和违反准入限制的法律责任也都相似。因此，下文将从"限制标准"和"法律责任"两方面入手，对传统投资者准入制度进行分析。

一、传统金融投资者准入限制的"三维度"标准

资本市场成熟的国家都十分重视对传统金融投资者的分类，并成为市场准入限制的基础。虽然不同国家、不同时期对投资者分类的称谓和内涵千差万别，如"成熟投资者"和"无经验投资者""专业投资者"和"非专业投资者"，"零售客户""专业客户"和"合格交易对手"等，导致准入限制的具体标准也不同。但归纳起来，各种传统金融交易中的投资者准入标准均可用三个维度进行衡量："信息可获得性""专业性"及"经济能力"。这三个维度标准在不同的金融交易准入立法中都曾被运用，并非需要同时满足，且具有一定的弹性。

（一）信息可获得性

美国1933年《证券法》的立法目的，就是为投资者提供投资决策必要的全部信息。同时，根据投资者是否需要信息披露保护，分为"成熟投资者"与"无经验投资者"，并有针对性地对后者提供保护。正如史蒂文斯法官所述："我相信证券法是想保护那些没有途径接触到内幕信息的投资者，以及那些无法通过平等的合同议价获得权利保障，而容易受到欺诈的投资者；成熟投资者的投资经验与实力已经为他们提供了足够的保护。"对证券法的司法判例进行考察，数位法官在认定个人投资者是否为"成熟"时，会对其实际情况综合判断：信息的可获得性、金融和商业的精明程度、财富和收入等。其中，信息的可获得性标准被认为至关重要，若投资者有渠道接触其他投资者无法获得的信息，或有规律且频繁地向投资顾问等专业人士咨询、参与金融投资专业会议、订阅金融投资的专业杂志，都有可能被认为有一定的成熟度。

一般来说，机构投资者均被认定为成熟投资者。对于非机构投资而言，如果受发行人明显能够保护自己，则该交易即构成私募发行豁免。但是，由于私募证券的发行和转让无须履行强制性登记注册程序，无须聘用会计师和律师准备公开招股说明书及法律意见书，缺少外部政府机构及市场中介机构对信息披露的有效监督，私募证券发行人极易利用信息优势侵害投资者利益。因此，美国最高法院以发行对象的"信息可获取性"和"需求保护"为原则，对公募和私募发行进行了区分。随后，美国证监会（SEC）根据颁布了《D条例》，在规则501(a)中详细定义了私募的"授权投资者"，其中有一类为私募发行人的内部人，即"证券发行人的所有董事、高级管理人员以及普通的合伙人，或者该发行人的普通合伙人的所有董事、高级管理人员和普通合伙人"，并将"高级管理人员"定义为："负责主要营业单位、分公司或职能部门（如销售、管理或财务）的任何执行董事，执行决策职能的其他管理人员，及为发行人决策的其他人。附属公司的高级管理人员，如果其为发行人执行决策职能的话。

可见"信息可获取性"是私募投资者的一个重要资格标准。美国的这一标准被各国普遍借鉴，根据英国《金融市场法》规定，金融机构提供投资服务时，从事不受监管的投资活动只能向"专业客户"或"合格交易对手"进行，而部分受监管的金融业务也只能针对"合格投资者"开展，其中"从事指定投资业务公司之现在和过去的高级职员或雇员，或其各自的直系亲属"便是标准之一。

（二）专业性

随着金融创新和混业经营的不断发展，专业性金融机构大量涌现，如经纪商、交易商、资产管理公司、信托公司、私募股权基金、对冲基金等。他们通过执行交易指令、账户管理或发行集合投资计划等，为投资者提供证券投资服务。投资者对资产的投资方向、方式和时机都没有决定权，与金融机构之间存在严重的信息不对称，可能购买了自己完全不理解的金融产品，而遭受损失。因此，对投资者的准入要求，从发行人与投资者之间的信息可获得性，逐步转为金融机构与投资者之间的服务关系，以强调投资者的资历经验为主，而资历经验，即投资者在做相关投资决策时在知识、能力和经验上所具备的专业性，往往体现在投资者的知识背景、职业、商业经验、投资经验、谈判磋商能力等方面。

综合各国、各地区立法，虽然对合格投资人资格的标准有所不同，但都要求投资人有足够的金融经验和知识，具备自我保护和判断投资风险的能力。例如，美国在《1940 年投资公司法》中规定，私募集合投资基金的"合格购买者"的标准之一为："任何为其自身账户，或为其他合格购买者账户，合计投资不低于 2500 万美元。"同样，根据英国金融服务管理局规定，如果零售客户符合"在过去 4 个季度每季平均进行 10 宗交易；并担任与即将进行的交易相关的专业职位最少有一年"，可取得专业投资者身份。在我国证券业协会颁布的《证券公司投资者适当性制度指引》中，自然人专业投资者的标准为："具有 2 年及以上从事证券、期货、黄金、外汇等相关市场投资交易的经历，且过去 12 个月中证券交易不少于 40 次；或者具有 2 年及以上在专业投资机构从事金融产品或金融服务的设计、投资或保险精算、金融风险管理工作经历。"

对金融消费者的划分也采用了专业性标准，其中欧盟的规定最为详细，在针对证券投资服务与金融消费者的法律指令——《金融市场工具指令》中，规定"专业客户"是指拥有足够的投资经验、专业知识和技能而能自己做出投资决策，并且能够合理评估投资风险的客户。"零售客户"主动放弃的身份和配套保护也可被认定为专业客户，但必须有足够的投资经验、知识和技能、风险评估和承担能力；在之前的四季度里每季度达到 10 笔以上的频率；且客户正在或者曾在金融机构中的专业岗位工作过 1 年以上的时间，即可达标。

（三）经济能力

除上述两个标准外，综合各国、各地区立法，投资人的经济实力也是判断合格投资人的重要标志之一。投资人拥有较强的财力或拥有高额的金融投资和金融资产，往往抵御市场风险的能力也较强。因此，将那些经济实力与机构相当的投资者界定为合格投资者，而将不符合专业金融消费者财力要求的主体视为一般金融消费者，是较具代表性的立法条例。

在界定合格投资者或专业投资者的过程中，除银行、保险公司、注册的投资公司等金融机构外，非金融机构投资者与自然人投资者一样，也被设定了一系列的资产总额、净资产额或投资规模指标等客观标准。美国《1933 年证券法》规则 D 的 501 款，私募的受发行人若是机构投资者，如雇员福利计划、慈善组织、公司或合伙、信托等，都要求总资产超过 500 万美元。若是自然人投资者，则要求自有资产或者与其配偶的共同资产净值超过 100 万美元；或最近 2 年内其个人收入每年超过 20 万美元，或者与其配偶的共同收入超过 30 万美元，且当年能够合理期望达到该收入水平。随后，在《1940 年投资公司法》中，私募集合投资（基金）提高了自然人合格投资者的经济实力标准，与机构投资者一样，也要求不低于 500 万美元。同样，新加坡对合格投资人的规定也非常类似，如果是法人，则要求其最近资产负债表上的净资产超过 1000 万新币；如果是自然人，要求其个人资产必须超过 200 万新币，或其前 12 个月的收入超过 30 万新币，我国在《证券公司投资者适当性制度指引》中规定得较为简单，要求自然人专业投资者的金融类资产不低于 500 万元人民币。

对于金融消费者的划分也有类似规定，欧盟在《金融市场工具指令》中规定，"零售客户"若达到下列财产标准中的两个，即"资产负债表上的资产总额 2000 万欧元；或净营业额 4000 万欧元；或自有资金 200 万欧元"，可成为"真正专业客户"。而达到"金融资产，包括现金存款和其他金融资产在内，超过 50 万欧元"的情况下，可成为"可选择专业客户"。除此标准外，为了使这些数据能真正反映出投资者承受市场风险的能力，从而能保护自己而不需政府的保护，各国往往还详细规定了财富的计算方法，包括计入财富总量的财富类型，单个财富的价值计算方法及财富的加总方法等。

二、传统投资者准入限制的法律责任

法律责任是投资者准入限制制度得以实际执行的重要保障，而准入限制的责任主体通常是金融机构。虽然从法律效果上看，由于现行《证券法》没有直接、明确提及投资准入限制制度，即在目前的法律框架下，投资者能否直接援引"不合格"或"不适当"来寻求对金融机构的私法救济，存在着理论和实践上的争议。但纵向来看，随着金融的发展，金融机构的"准入限制"责任呈现出加重的趋势，逐渐由消极义务转变为积极义务。

在合格投资者制度中，金融机构的义务较为简单。证券法禁止金融机构采用广告、公开劝诱和变相公开方式发行私募产品，只能销售给合格投资者。作为一种消极义务，金融机构以不作为方式即可履行。

随着金融消费者概念的出现，金融机构的义务和责任进行了重新配置。如前所述，金融市场的发展打破了原有公平公允的交易环境，金融危机后各国纷纷以客户分类为基础，给金融服务机构制定了"适当性义务"。"适当性义务"要求金融机构应对投资者进行合理调查，并推荐符合其投资目的和投资需求的零售金融产品。从行为模式上看，金融机构至少须履行"了解客户"和"适当性评估"两项行为。

一方面，综合不同国家或地区规定的"了解客户"的标准，金融机构须掌握与"三维度"标准相关的客户信息，还要对客户的风险偏好及投资目的进行特别了解。例如，美国金融消费者保护局，将"以个人、家庭购买"改善生活为目的，列入金融消费者的范畴。另一方面，金融机构还须将产品与客户类型进行匹配，并对适当推荐义务承担责任。对具有一定复杂性的产品，金融机构需为客户提供测评，以履行适当性推荐义务。欧盟《金融市场工具指令》中规定了金融机构的"行为规范要求"，将抽象的适当推荐义务转化为可评判的确定性行为要求。

普通法判例对金融机构适当性义务进一步的细化。例如，有一些判例认为"产品"应做广义解释，金融机构在推荐交易方法、交易策略时，也应对特定客户进行适当性评估。又如，金融机构原则上可以信赖客户提供的信息，即因客户原因导致金融机构推荐了不适当产品，客户应自行承担风险与责任。但有判例进一步认为，金融机构应对客户提供的信息保持合理谨慎，如果信息自相矛盾或存在明显的不合理，则金融机构的完全信赖将存在过失。由此，适合性原则把金融消费者"自我保护"的责任部分分担给了金融机构，从"买者自负"原则转化为金融消费者与金融机构的共同责任。金融机构只有加强注意义务，通过积极作为才能免责。

近年来，适当性义务逐渐呈现出扩张趋势，金融机构于不存在推荐建议的金融交易中也需承担特殊的适当性义务。例如在指令交易中，金融机构扮演的是交易员角色，当面对欠缺经验的客户发出不适当的交易指令时，并不能完全主张豁免适当性义务。金融机构需承担"警示义务"，即对其判断为不适当的交易指令向客户发出警告。在少数案例中，金融机构还应对欠缺经验的客户承担一种救援义务，即拒绝交易。

第二节　互联网金融对传统金融投资者准入标准的影响分析

一、传统投资者准入限制"三维度"标准的经济分析

传统投资者准入限制标准的设计，在经济学中都能寻找到相应的理论基础。这些理论基础与"三个维度"的标准并非一一对应的关系，有些理论可以同时为两个或所有的标准提供依据。为了简单说明，以最主要的、最直接的经济学理论分别对"三维度"的准入标准进行经济分析。

（一）理性人假设、信息成本与信息可获得性标准

现代金融监管下，"理性投资者"是一个基础性概念但法律并没有对"理性投资者"进行统一的界定，而是借用新古典主义经济学的概念，"理性投资者"即理性经济人，是一个在不断变化的市场中通过一系列信息来追逐利益最大化的人。因此，只要信息准确和充分，就能促进金融资源的有效配置，达到有效市场。

然而在实际金融活动中，存在着两类严重的信息问题。一是信息的不对称问题，即信息在市场参与者之间分布的状态不均衡，往往发行人及金融机构处于信息的有利地位，而处于劣势地位的投资者要想获得与金融机构相同的信息量，就必然要付出非常高昂的成本。二是信息的不完全问题，发行人或金融机构往往出于自身利益的考虑而不提供真实、充分的信息，或是将重要信息掺杂在浩如烟海的无关信息之中，投资者亦需耗费极高的成本，才能获取、了解全部信息，并便捷地使用。但上述这些很可能大大高于投资者从金融产品中获得的收益或从金融服务中所获得的效用，从而导致市场出现"逆向选择"和"道德风

险"问题扭曲了资金价值,影响了市场资源配置功能的正常发挥。因此,强制性发行人或金融机构进行信息披露无疑更加经济,美国早在1933年《证券法》制定时便称:"证券法无意阻止投资者做出坏的投资决定,而是通过信息披露来帮助投资者评估证券质量,使投资者与公司尽可能站在同一起跑线上。"多年来,信息披露以真实性、准确性、完整性和及时性为原则,为证券市场投资者提供最大范围的信息要求。

但是,为了满足市场对更加直接、便捷融资的需求,对所有发行人都课以严格的信息披露义务,有损于金融市场的效率性原则。因此,证券法在私募发行中设定了合格投资人制度,对发行人与投资人的信息成本进行了平衡。如上所述,具备较高的"信息可获得性"成为私募投资的准入条件之一。总的来说,投资人的信息成本涵盖了投资者从决定购买到交易确立期间内所付出的所有成本,主要包括搜寻成本、处理(解释)成本和证明成本。对于"信息可获得性"较高的投资者而言,较低的信息成本决定了更大的信息获取量及更深层次的使用,亦决定了投资者能够对证券或金融产品做出更迅速、合理的定价。在社会网络理论中,信息通过社会网络在结点间相互传播和流动,信息获取的数量和质量与互动频度、亲密程度、互惠程度及联系强度成正相关。因此,一般情况下,机构投资者及身份特殊的个人投资者成了私募发行的合格投资人。

(二)不理智的投资者、行为金融学与专业性标准

理性投资者框架虽然一直是现代金融学的研究基础,但它并非完美无瑕。现实中的投资者存在于一个纷繁复杂、充满缺陷的市场环境中,其投资决策也常常受感情、信念、偏见等因素的影响,并不能达到期望效用最大化的目标,因此现实的投资者并非"完全理性"的。近年来,行为金融学研究越来越多地将心理学、社会学中的成果引入进来,聚焦于个体在金融活动中的真实决策过程,并得出了大量有益的、可预测的结论。

心理学研究认为,经济个体的认知能力(包括认知资源、分析能力、记忆能力等)是有限的。经济个体不可能对市场环境所提供的数据资源进行完整分析,计算出每种策略的收益和风险概率,从而得出最优投资决策。而且,经济个体在面对复杂、不确定性、缺乏现成算法的问题时,并不能严格理性地、尽可能多地收集信息进行客观分析和概率计算,而偏向于利用"直觉思维"先行判断,大都依靠"直观推断"(Heuristics)或"经验法则"(Ruleof Thumb)制定决策。实证研究表明,投资者的直观判断往往会忽视样本的大小,并对信息进行自动选择和过滤,保留熟悉的先验知识,导致决策时仅用先验的样本参数值对其他样本的概率结果进行估计,高估记忆深刻的事情的发生概率,低估其他不太容易想到的事情的发生概率。

由于金融产品本身具有抽象、难以理解、价格结构复杂等特点,投资者往往很难对金融产品进行评估,因此容易产生诸多认知偏差。其中,"过度自信"和"自我归因"最为常见,投资者通常认为自己获得的私人信息要比市场的公共信息更准确,当两者吻合时,会更为自信,但两者相反时,却常常视而不见。因此,投资者倾向于选择他们自认为掌握

更多信息的金融产品，导致特定金融产品价格非理性上涨。此外，投资者还可能存在其他认知偏差，如自我蒙蔽、损失厌恶、事后聪明、情感性偏差、锚定心理、保守偏差和框定偏差等，这些偏差在国内外研究中均有发现，对投资者行为产生交互作用，导致投资者做出非理性的投资决策。

社会学对投资者行为的研究是从社会网络和社会互动两个维度进行的。社会网络分析认为互动的投资者之间形成了金融交易的独特网络，正是这些网络直接影响了金融资产的价格及投资者的投资行为。在不确定性与模糊性的环境下，大多数人都具有从众心理，群体压力甚至能诱导个人做出自己认为并不正确的决策，进而转化为一种集体非理性。大量实证表明，较为典型的群体认同行为有"社会比较"和"羊群行为"等。在复杂的、瞬息万变的资本市场中，股票价格类似于纯粹的社会运动，投资者通常依赖最熟悉的其他投资者的平均价格来认定特定股票的价格。

虽然投资者存在上述非理性的行为偏差，但研究表明，丰富的投资经验有助于个体理性水平的发展，对行为偏差产生良好的矫正作用。具体来说，投资经验会从个人信念和判断、投资行为两方面对投资者产生影响。从信念和判断的角度来说，知识及专业程度更高的投资者，对市场信息的反应、理解和分析更为敏锐，对投资回报和市场波动的预期判断也更为实际和平稳。大量实证表明，经验水平较高的投资者（或是机构投资者）可以降低个体对群体的盲从行为，能够抵消市场中的狂热情绪，起到稳定股价的作用，也可以降低处置效应及失稳效应发生的程度在个人的投资行为和投资表现方面，有经验的投资者往往会选择更复杂的投资策略，而投资组合的回报率总体上都要高于无经验的投资者。

上述行为金融学的理论及实证成果，为以专业能力为标准对投资者进行分类提供了理论支持，更确切地说，专业能力标准即投资者在做相关投资决策时，在计算能力、信息分析能力、风险预测能力、认知能力上所具备的要求。通常适格投资者投资的金融产品需要与其专业能力相匹配，只有专业投资者才能投资更为复杂和风险更大的金融产品。而在金融创新和混业经营的浪潮中，金融零售市场逐渐被大型金融机构及一站式服务所占据，投资者对金融投资产品和服务的判断，主要依赖于金融及其他中介机构的推介和劝诱，更容易做出偏离理性决策的行为。此时，投资者表现出极强的异质性，沦为金融消费者，在投资时不仅有专业能力的准入要求，还需进一步对其投资目的进行匹配性考察。

（三）投资者经济实力要求与风险承受能力标准

投资人的经济实力是上述三个分类标准中最为客观的一个，但有趣的是，经济学并没有从理论或实证上对为何采纳这一标准进行充分解释，而是采用了一种间接推定的方法，金融学通常认为投资者的经济实力与其风险承受能力成正比。从金融"资产——资本"定价理论来看，投资者的财力、专业能力以及由此而引发的心理因素，会使其对所投资的金融产品将来的风险与回报做出理性预期起到关键作用。另外，经济实力较强的投资者通常都有获得更多投资信息的可能性，减少了信息不对称的程度。而且他们具备与大型金融机构讨价还价的能力，并能购买到更好的金融专业服务，因而更有能力去理解和评估复杂的金融产品，也更有可能做出理性的金融决策。综上所述，丰富的财力决定了投资者"信息的可获得性"并拓展了其"专业性"，面对损失的心理因素上也区别于一般投资者，成为合格投资者认定标准的一道重要的分水岭。但这一标准也颇受争议。例如，美国私募《D条例》以净资产、收入或认购额作为衡量投资者是否具有自我保护能力的唯一标准就受到了多方批评，批评者认为 SEC 高估了有钱人的自我保护能力，因为有钱人中不乏孤儿寡母。一方面，实践表明这些富人并未成熟到可获取投资所需的重要信息或者正确评估投资的风险的程度，大量关于不当销售的诉讼往往是高资产客户受到严重损害后提起的；另一方面，净资产、收入或认购额标准都不能确保投资者有能力承受投资失败的风险 JnSEC 亦曾在裁决中指出："风险大、投机性较高的产品，并非一定适合财力雄厚的客户，相反，财产较少的年轻人可能更适合投机性较高的投资，因为其风险承受能力特别是遭受损失后恢复能力较强。

二、互联网金融对准入限制经济基础的突破与变革

信息技术和网络技术的飞快发展，在与信息产品和信息服务相关的领域中都产生了巨大的颠覆作用，金融业由于具有很强的数字化属性，亦受到了较大冲击。与传统经济相比，网络经济具有显著的独特性——边际生产成本几近为零，即当一个数字化产品生产出后，其复制成本近乎为零。然而，"帕累托最优"要求：产品的市场价格应该等于其生产的边际成本，这就意味着，数字化产品的生产无法弥补其研制过程中的巨额投入，导致生产者承受极大损失，这一情况称之为"蒂朗困境"金融与信息技术具有天然的契合性，金融的核心是信用和信息，大多可以用数字化产品的形式表现出来，如融资方的公开信息及私人信息、融资方的信用及评价、风险预测、投资组合及策略、甚至投资分析软件及程序等，不一而足。这些信息及数据在网上的免费传播，也面临着上述困境。

随着大数据技术在金融中的逐渐运用，一个大规模生产、分享和应用数据的互联网金融时代已然开启，很好地解决了上述困境。具体来说，首先，金融信息产品初始研制成本大大降低，信息技术能将金融活动的各项要素进行数据化，并能快速地对海量数据进行收集、筛选、挖掘、整理和分析，以极低的成本得出更为真实的结论。其次，互联网金融注重定向流量，收费模式发生变化。互联网金融机构更愿意将研制的金融信息产品免费提供给用户，以骤增网站黏性用户的数量，即定向流量。并从传统的信息产品收费模式，转变为收取可观的交易佣金及广告收入。再次，开展以客户为中心的定制化服务。互联网金融机构通过对客户数据的挖掘，发现并满足不同类型的信息产品需求，拓展了交易可能性边界，从独特的定制化信息服务中获取市场细分的利润来源。最后，互联网金融以数据共享、交叉复用为基础，将信息产品初始研制成本分散化了。互联网金融平台具有分布式、点对点的性质，使资金供需双方可以直接交易，每个人都是信息的生产者，同时又是信息消费

者，形成金融数据、信息产品、知识及智力资源协同共享的、去中介化的扁平系统。

因此，互联网金融将金融产品创新、金融模式创新、金融组织业态创新和交易平台创新相融合。这些创新显著地降低了金融活动中信息、信用、知识和经验的交易成本，并在大数据信息技术与金融业紧密交融的趋势下，促使金融合格投资者划分标准的经济分析也发生了变革。

（一）信息成本降低，"信息可获得性"增加

互联网金融是随着互联网技术的出现而产生的新金融模式，它采用更为有效的信息生产与处理方式，来有效降低信息不对称和不完全所导致的交易成本。

1. 信息总量极大扩展，信息占有更为对称

首先，互联网金融通过网络技术，使信息的聚集和提取方式发生了变化。互联网时代，投资者不仅可以通过融资人主页了解其产品信息、营销文件、金融信息、新闻通讯等，还可以通过第三方网站了解公司新闻、相关的商业和行业新闻、股票价格、分析预测与报告及外部监管机构发布的信息。如 Bloomberg 公司的手机应用就几乎涵盖了所有行业，所有金融市场的所有资讯以及金融产品数据，包罗万千的信息量让用户可以轻松把握公司及市场动向。

随着数据挖掘的运用，大量分散在 BBS、聊天室、博客、微博等网络社交平台上的信息可以更便捷地被投资者获取，其中大都是市场参与者发布或传递的私人信息和即时信息，投资者甚至还可以对带有情感色彩的主观信息进行意见挖掘。随着大数据时代文本挖掘技术的迅猛发展，使得对非结构化数据源的利用成为可能，投资者可从图片、音频、视频等数据中提取信息。而这些非结构化数据占所有数字数据 95% 左右，极大地拓展了投资者占有的信息量。

其次，互联网金融通过数据积累，使原来没有数据积累的地方产生了数据积累。互联网金融平台与社交网络、电子商务、第三方支付及征信体系等其他网络平台越来越紧密的合作，形成了一个基于数据积累和共享的金融服务生态体系。以互联网股权融资为例，项目融资人可以在网络社区上找到合作伙伴，人力、智力及技术支持，在电子商务平台展示产品、进行交易，并通过第三方支付实现日常资金的流转，可以说，融资人每一次点击鼠标都能转化成一个行为数据，产生数据积累。因此，投资人不仅可以获得金融平台发布的融资人及项目的基本信息，并能通过征信体系数据积累，得知融资人或项目运营团队主要人员的信用状况，还能通过对行为数据的分析，获悉融资项目的资金资产状况，融资人及主要成员的项目经营能力，曾经从事相关商业活动的记录，项目的业务记录及运营情况，产品的销量及消费者评价等。而在传统模式下，上述信息都是只有"内部人"及"密切关系人"才有可能知晓的"软信息"，但在互联网金融时代，投资人并不需要耗费过多成本就能轻易获得，甚至是免费共享。

2. 信息的有用性增强，信息更加完全

在互联网金融模式下，不仅文本信息呈现几何式增长，对文本挖掘、处理和分析的方法也越来越多，投资者能从海量数据中精确定位，获取可信赖的、及时的重大信息。

目前，网络爬虫技术可以对文本数据进行自动抓爬，并通过页面简洁的搜索引擎，如谷歌等，根据投资者的指令，对信息按需求进行检索、甄别与排序。可扩展商业报告语言的广泛运用，极大地提升了市场参与者对融资者财务信息处理的效率和能力。文本分类技术可以根据量化的指标模型，对文本中的重大信息进行自动提取和分类，如重组并购、产品研发、人事变动、经营状况或风险等多种类型，并生成投资者一目了然的各种图表和指数。

今后，随着"云计算"技术逐步在互联网金融中的运用，不仅可以为海量信息的高速处理提供保障，也可以根据大量投资者对特定信息的搜索量、浏览量以及浏览时间等数据，对该信息的相关性、重要性进行标识与排序，还可以在一段时期后，形成连续动态变化的信息时间序列，这些技术降低了投资者对金融产品信息的理解和处理成本，提升了对投资价值的判断及违约风险概率的估算。另外，金融平台和社交网络对金融产品信息的实时更新、公开、推送和传播，通过市场的交易行为，能更快速、集中地反映在交易量及均衡价格中，"软信息"由此被"硬化"了。

综上所述，互联网金融的信息积累、生产和处理方式广与传统金融相比截然不同，降低了信息不对称和不完全造成的交易成本。在互联网金融中，每一个互联网平台都是数据生产的"结点"，并在"点对点"之间进行平等交换和信息分享，使得信息资源并非由传统银行、金融机构所独享。因此，互联网金融投资者不再孤立，信息不再碎片化，不论投资者的财富状况或人脉资源，他们都能获取高质量的、易使用的投资信息。

（二）数据分析使得投资人更为理性

尽管行为金融学研究还在不断证明，将真实的投资者等同于理性投资者本身是错误的。但大数据等信息技术在金融中的发展和运用，提升了投资者的认知、信息分析、风险预测等方面的能力，缩小了"不理性"与"理性"之间的差距。

首先，从认知能力来说，互联网无疑提升了现代投资者的知识结构和知识储备，如今每一台智能手机都可成为一个移动的"百科全书"，投资者只要在手机上进行简单的输入，就可以查询到任何金融产品的全部信息，无论多么冷僻的知识、复杂的专业术语、还是抽象到难以理解的问题，几乎都可以在网络论坛中查到相关的评价和争论，甚至可以向"圈内人"实时咨询。而大数据技术能将客户多层次的理财需求进行不断细化，通过大数法则组成一个个长尾的细分市场。今后互联网金融产品的设计将以细分客户为中心，呈现出简单化特征，例如互联网保险就已经出现了专门针对癌症，或某种特殊类型癌症的单品化保险，如此，金融产品的实质性内容也更易于理解。

其次，从信息分析能力上看，互联网金融改变了投资者评估风险与不确定性的基础和方式。在传统金融投资中，如上文所述，"非理性"大都由"直觉上的统计""忽视样本大小""忽视先验或后验概率"或"自我意识或情感"造成的。然而，随着大数据时代的来临，样本量大大扩展，甚至可以涵盖全体数据。互联网金融投资者能便捷的运用电脑模型和各种算法，纯粹理性的电脑化数据分析在一定程度上避免了投资者的情感因素，如狂热、沮丧、恐惧和后悔等对投资决策的影响。

如今，强大的计算技术和信息技术带动了"黑盒交易"（Black-Box，一种预算预测方法）和"算法交易"的兴起几乎每个金融机构也都会编写各种形式的交易模型和策略，计算机程序可以在几秒内处理海量信息，分析市场趋势，甚至可以智能地进行频繁交易，并做出相应的资本配比。2010年，道·琼斯启用了一个新的Lexi☒con服务系统，能给无数计算机算法实时发布金融信息，实现了自动阅读、关键信息提取、投资决策制定并完成交易的功能。而普通投资者也可以在互联网上获得免费、低价的工具，例如在线的经纪商CharlesSchwab和e-Trade开发了易于使用的程序，帮助互联网金融投资者评估风险，平衡投资组合。在不久的将来，金融数据的处理与分析将越来越广泛的运用云计算、粒度计算、生物启发计算和量子计算等程序。随着技术的飞速更新，这些程序将越来越普遍、廉价和易于操作，正如其他计算机软件一样。

最后，未来的投资者运用超级计算机和大数据进行投资预测也并非不可能。大数据的核心就是预测，人工智能在金融领域的延伸，不仅仅只在于信息的处理和反应，而真正的目标在于主观判断和预测。目前，金融研究与计算机技术相结合在该领域已有成效。研究表明，通过对新闻文本进行量化分析，就能建立股票收益预测模型，对新闻发布后7天的股价走势进行预测，同时通过原型系统开发，将新闻对股价的影响进行形象直观的展示。2012年，花旗集团也开始运用人工智能电脑Watson进行客户需求分析及经济走势预测，该智能电脑能理解自然语言，处理海量未结构化的数据，以人类的认知方式推断和演绎问题的答案，还能给特定客户制定适合的投资计划。

此外，互联网金融第三方平台日益兴起，引入了多元化的金融产品和专业人员。任何金融产品都可以在第三方平台进行垂直销售，投资者可以自由进行搜索，可以查看不同金融产品之间的比价和评级，还可以查询与其同类投资者们的投资策略和产品组合。在这一过程中，互联网金融投资者的地位得到了改善，投资者转变为根据自身风险收益偏好进行主动投资决策，传统金融机构劝诱和推荐发挥的作用越来越小。

综上所述，互联网金融投资者具备更强的计算能力，很少被感性和直觉因素干扰，拥有更多的备选方案，有更强的风险预测能力。新技术的发展可以使投资者更加理性，但并非完全不受任何认知局限性的影响。

（三）互联网金融产品改变了风险承受能力需求

在互联网金融的去中心化的过程中，个体的个性化、碎片化投融资需求得到充分释放和满足。互联网庞大的用户群体的规模优势以及较低的交易成本优势，可以降低个体个性化和碎片化需求的边际成本，不仅满足了市场需求，还能使风险更加分散化，降低单个投资者的风险承载量。

　　首先，互联网金融强调个性化服务，用户数据分析能更准确地把握个体用户的风险偏好和承受能力。如果说互联网金融对金融产品进行风险评估、信用评级、证券估值是第一层次的数据挖掘，那么，对海量的用户数据进行挖掘分析，围绕用户为中心提供金融产品和服务则是第二层次。互联网金融根据投资者在社交网络、搜索引擎中留下的"足迹"，以及历史投资数据，将每个人的金融需求进行准确的风险定价，以便定向化、精准化地提供金融产品和服务。目前，互联网理财产品、保险产品已经出现了第三方平台的自动化定向推荐，例如与投资者从事工作相关的，或投资者熟悉的、感兴趣的金融产品。而且也有互联网平台在用户投资信息收集和分析、用户互动和财富管理方面取得了卓有成效的进步。

　　其次，传统金融体系中没有得到满足的金融需求会在互联网中爆发，如中小微企业融资需求、个人小额融资需求等，这些需求都可以在互联网中实现点对点配对，从而摆脱传统金融中介，实现资金的供求平衡。这些金融需求虽然相较于传统金融风险较高，但单体微小，分散在互联网聚集的庞大用户群中，并不会加重单体用户的风险承受量，反而降低了系统性风险发生的概率。现阶段，低价互联网金融产品大受投资者青睐，余额宝"一元起售"的低门槛设定以及各种低价保险，亦可说明大数法则的风险分散化趋势。

第三节　互联网金融投资者准入的效率分析与制度重构

　　以科斯为代表的新制度经济学表明：由于存在交易成本，制度将影响资源配置的效率，不同的权利界定和分配，会带来不同效率的资源配置结果。能使交易成本最小化的制度安排是最有效率的，也是经济增长的关键，由于投资者信息成本和非理性因素的存在，金融市场存在着市场失败的可能，因此，传统金融监管设置了适格投资者的分类和准入制度。这是基于市场成本因素的再平衡，也是法律"强力界定权利"的体现。

　　但正如巴泽尔所说，"法律权利会增强经济权利，但是对于后者的存在来说，前者既非必要条件，也非充分条件。人们对资产的权利是自己直接努力加以保护，他人企图夺取和政府予以保护的函数。"因此，单纯依靠政府监管或法律保护未必是最有效的办法，法律权利应随着资源配置效率的变化而增减。合格投资者制度是一种"准入限制"方式的法律保护。但在互联网金融的新环境下，同样需要从资源配置效率的角度，对这种传统的"父爱"式保护予以考察，否则将陷入"弱势交易主体倾斜保护"的简单概念性判断中。

一、投资者准入限制影响资金配置的效率

　　如前所述，合格投资者制度包括：准入条件和准入程序两方面因素。准入条件因素即为上述的"三维度"：信息可获得性、专业性和经济能力，程序因素则是对准入条件的遵

守与执行，以及由此产生的法律责任。这两方面的综合，即为制度施加的成本，在一定程度内是处理市场失败所必需的。但是，合格投资者制度本身就存在着准入条件的不合理和准入程序的不确定性问题。而且，随着信息技术与金融的进一步融合，合格投资者制度的经济分析依据发生了翻天覆地的变化。继续适用将增加市场资金供给的总成本，导致市场资金供应量下降，资金需求者将承受更高的利率负担，严重影响了资金的市场化配置效率。

首先，合格投资者制度本身存在着不必要的制度成本。投资者准入条件一经确立，便具备了法律上的确定性和稳定性特征。但市场中投资者的实际情况却是千变万化的，其信息是否对称和完全，投资经验是否充足，财力是否足以承受风险，这些都需要在特定时期、特定情境、特定金融产品下进行个案考察。进一步说，投资者准入限制的"三维度"标准都属流量概念，具有动态性特征，如果以法律的静态形式进行"一刀切"的规制，必然会造成"里"与"表"的对立。例如，多数国家原则上规定，纵然"零售客户"符合了定性和定量的测试要求，成为"专业客户"，但也不能由此被当然地认为具有与真正专业客户一样的市场知识和经验，当其投资其他种类的高风险产品时，可能又会回归为"零售客户"。而且现实中，很多投资者为了追求高收益，使用各种"作弊"手段以表面上满足适当性要求，如新三板和融资融券市场垫资开户的情况就屡见不鲜。

其次，概念特征上的对立在实际执行中表现出来，造成程序和责任的不确定性。合格投资者制度规定了金融机构的适当推荐义务，不合格投资者因误导而购买高风险金融产品的损失，可以要求金融机构赔偿。然而，金融机构对投资者的信息同样是不对称的，需要投资者自身提供相应的材料和信息。虽然各国均规定了投资者的告知义务及金融机构，免责事由，但大都过于原则化。对投资者未尽如实告知义务在多大比例上承担民事责任并无详细规定，更何况投资者是否适格的举证责任将由金融机构承担。这些都增加了金融机构法律责任的不确定性。

因此，传统的投资者准入制度增加了金融机构不必要的制度成本。金融机构作为"理性人"必然将这一成本转化为交易对象的"选择权"和"管理权"，即更偏好于实力雄厚的"高净值客户"，这是不完全竞争环境下的无奈选择。但是，信息技术革命带来了互联网金融的兴起。如前所述，信息传播方式从过去的"链式"传播转变为"网络矩阵式"传播，投资者搜寻信息的成本大幅下降，数据分析软件和模型的广泛使用，使得投资者在"理性"方面有了大幅提高。可以说，互联网金融投资者各方面能力都远远超越了传统投资者，投资者与其他市场参与者之间的博弈趋近完全竞争，经济分析的基础已经改变。如果继续简单套用传统合格投资者的分类及准入标准，将导致众多有能力保护自己的中小投资者丧失交易机会。因此，互联网金融一直以开放和普惠作为基本特征，投资者准入的限制将影响市场对利率的形成机制。

二、投资者准入限制影响风险配置的效率

从风险配置的角度看，互联网金融与传统金融截然不同的运行模式，为是否适用准入限制提供了一个更深层次的思考路径。通常来说，风险和投资回报是成正比的，现代金融投资理论将风险也视为一种资源。通过对风险资源的市场化配置，能使不同风险偏好的投资者与相应风险的金融产品相匹配，社会福利达到最大化。

传统金融模式以银行等金融机构为中心，由于金融机构具有信息集中的规模优势和信息处理的专业优势，往往将产品创新、定价模型、交易操作、流程管理、投资咨询等业务集于一体。在此模式下，传统金融从业机构中不可避免地隐藏着各类风险，规模较大的金融机构所带来的负外部性，甚至可能导致系统性金融危机。从这一角度来说，传统高风险金融产品，如对冲基金、期权期货、金融衍生品、结构化产品等，在一定程度上都具有风险规避的性质。金融机构设计产品的目的，就是为了管理、分散、对冲自身过于集中的风险，满足审慎监管要求。因此，由于传统金融机构本身就是高风险产品的生产者，同时也存在自身的利益诉求，其在销售高风险产品或提供专业性意见时，极易出现诱导和不当销售的"道德风险"，而忽视了风险合理配置的社会职能。

互联网金融模式相比之下，是一个"去中介化"的扁平结构，金融机构的规模优势和专业优势荡然无存。互联网金融平台的本质仅为信息流通平台，为资金供需双方发布、匹配信息提供场所，由双方直接联系和交易。虽然平台也会对其上的金融产品进行审核，但并不保证融资项目的质量和安全，数据采集、信息处理和风险评估都交由网络化的方式去完成。资金流则交由集中支付系统和移动支付来完成。因此，互联网金融平台与传统金融机构相比，风险聚集度更低，风险也更小。而且，虽然互联网金融的融资方为中小企业，产品存在高风险的特征，但与传统金融产品风险规避的性质不同，大都为实体经济和项目经营中的损失。从以上因素可以看出，互联网金融平台以增加产品种类为盈利模式，减少了"道德风险"的发生；互联网金融产品也更加简单化，风险对冲需求减少，为风险的市场化配置提供了条件和保障。

而且，互联网金融平台为投资者所能提供的流动性并非传统金融机构可比的。近年来，互联网交易平台为未公开上市的企业股份创造了全国性的二级市场。在美国最大的科技公司 Facebook 首次公开上市的前三年，合格投资者即可通过 Shares Post 和 Second Market 两个网站购买私募股票或奖励给员工的股票。虽然，这两个网络交易平台均为非上市股票经纪自营商，提供非上市股票的撮合交易和投资管理服务，在性质上属于传统金融机构，但已具备互联网金融模式的雏形和部分特征，由于投资者并非单为投资股票本身，而是其后的保障措施和较好的变现能力，互联网为需要终止投资的投资者创造了流动性，投资风险得到了最优匹配。

金融模式的差异为制度选择的不同提供了依据。传统金融监管通过干预投资者准入，

以"堵"的方式进行风险控制和投资者保护，而现在环境和基础已经发生了本质变化。互联网金融模式为金融风险配置扫除了"市场失灵"的阻碍；投资者可以根据个人的风险偏好，对不同风险类型、风险大小的金融产品进行选择和组合。随着互联网金融的不断发展，过于严格的投资者准入监管制度，不再是投资者保护的必要手段，反而限制了投资者的风险组合，降低了社会整体福利。

三、应实行互联网金融投资者"开放准入"下的"额度限制"制度

技术进步给投资者地位和融资模式带来了深刻变革，对此法律规则不能视而不见、故步自封，否则将严重影响市场对资源配置的效率。在理想制度模式下，应取消对投资者的资格限制条件，实现开放准入。然而，由于技术的不成熟和系统性风险的可能性，根据投资者财产状况进行投资额度限制的过渡模式，从"准入限制"到"额度限制"将更有利于互联网金融的长期发展。

（一）理想制度模式——取消资格限制，实行开放准入

对合格投资者准入限制的反思，已经成为金融法制研究的一种趋势。在传统金融投资领域，不少学者都认为应该扩大投资者的投资机会和范围，实现投资权的公平和平等。SEC 法律顾问亚斯明·塞西（Jasmin Sethi）通过投资者行为的实证研究，建议应扩大非专业投资者在对冲基金业务中的准入机会，同时也应加强对冲基金的监管纽约大学 Hmimari B.Shadab 教授也认为，大众投资者证券投资的方式过于单一，应被允许进入到对冲基金等金融市场中。还有另一些投资者资格限制的领域，如期权期货、房地产投资信托等，普通投资者准入的需求也愈发增加。

互联网金融将以集体协作的融资方式在世界范围内蓬勃发展，从网上直接公开发行（Direct Public Offering，DPO）的成功，到众筹融资方式（Crcwd funding）的出现，都将发行人与不特定多数投资者直接连接在了一起。如上所述，互联网金融的交易模式和结构，以及互联网金融投资者的地位和能力，都使得互联网金融投资者准入的资格限制失去了必要性。投资者应不仅限于少量的成熟投资者，而是让每一个投资者都能通过网络参与投资，打破了资格限制创设的投资特权。

因此，中国人民银行等十部委在《关于促进互联网金融健康发展的指导意见》中提出，要研究建立互联网金融的合格投资者制度，以提升投资者保护水平。该意见虽不属于规范性法律文件，但被视为今后互联网金融各项制度安排的战略方向和顶层设计。在今后的互联网金融合格投资者的制度设计中，应坚持开放准入的原则和理念，并在这一基础上，根据市场的实际情况进行灵活的、多参数的制度调整。

（二）过渡制度模式——根据财产状况限制投资额度

互联网金融市场依然不能排除不确定性，可能导致系统性风险。而且，由于技术条件

的不完善和不成熟，完全开放准入必将使投资者暴露在风险之中。因此，互联网金融准入制度宜采取限制投资额度的方式，从而控制系统性风险，保护投资者。除成熟投资者不受额度约束外，普通投资者应以其经济水平为基准，只能在一定比例的额度范围内进行投资。对于该比例的设定应进行监管的成本—收益分析，过于严格，将影响投资空间，导致投资者不愿参与投资或盲目投资；过于宽松，则达不到标准设定的目的。因此，该经济标准的设定应该从市场资金总需求和总供给、市场中信息的流动程度及价格信号的即时程度、市场中数据处理技术的发展程度和普及程度等多方因素综合考量。

互联网金融投资者"额度限制"的立法在发达国家已经启动，分为三种类型：一是不超过资产净额的一定比例，如英国的非成熟投资者投资额不超过其净资产总额的10%；美国肯塔基和俄勒冈等7个州，要求本州居民在P2P网站Prosper和Lending Club上放款，最多不超其净财富总额的10%；二是规定投资额的绝对数限额，如加拿大几个省联合发布的《众筹监管规则》规定投资者的单笔投资不得高于2500美元，年度投资总额不得超过10000美元；同样，美国P2P网站Prosper则规定放款人可投资额最高不超过500万美元；三是将绝对数限额与年收入或资产净额占比相对限额相结合，例如美国JOBS法案规定，如果单个投资者年收入或资产净值不高于10万美元的，其投资额不得超过2000美元或年收入（或资产净值）的5%中的较大值；如果该投资者年收入或资产净值等于或高于10万美元的，其投资限额为年收入（或资产净值）的10%，但最高不得超过10万美元。排除各国互联网金融发展的实践差异，从类型选择上说，投资者额度限制的相对占比，相比绝对额度限制更具效率，在此不再赘述。

但从我国目前现有的立法来看，要么适用传统的投资者准入制度，标准设定过于严格；要么任由投资者自由决策，缺乏相应的保护机制，这些都不利于互联网金融的发展。例如，证券业协会发布的《私募股权众筹融资管理办法》（征求意见稿），主要从经济能力方面为投资者设定了门槛，规定必须满足三项条件之一："投资单个融资项目的最低金额不低于100万元人民币的单位或个人；净资产不低于1000万元人民币的单位；金融资产不低于300万元人民币或最近三年个人年均收入不低于50万元人民币的个人。"此外，《管理办法》还笼统地规定投资人应当能辨识、判断和承担相应投资风险。对此，在理论界和实务界引发了从普惠金融倒回了精英金融的担忧，必将压缩资金渠道。而且，投资者"适当性"的审核交给众筹平台完成，缺乏可操作性。P2P网络借贷的监管细则还未出台，虽然各地监管办法相继出台，但大都没有关于投资者投资数额的限制性规定。这并不意味着网络借贷的风险就比股权众筹更低，从近些年来"跑路"的网贷平台来看，对投资者进行一定的投资数额限制，将有利于投资者保护和平台长远发展。而对于互联网信托的规定，《关于促进互联网金融健康发展的指导意见》提出要遵守私募的合格投资者监管标准，不能面向公众销售，但笔者认为互联网信托并非单纯的网络销售，随着互联网技术的发展，互联网信托将综合运用云计算、大数据等技术。因此，也应该给互联网信托予以准入的豁免，进行小额分散。

对于上述立法问题，我国应尽快制定《互联网金融投资者额度限制管理办法》，并统一适用于各类互联网金融模式中。在基准额度的认定上，纵观各国立法对投资者经济水平的认定有"年收入""资产净值"等多个基础，笔者认为"资产净值"更能反映投资者的风险承受能力，而且还应将投资者的常住房产、养老保险金等保障性财产排除在外。此外，额度限制可在原额度的基础上，根据投资者的投资知识、投资经验等专业能力进行浮动。因此，互联网金融投资者的额度限制制度应以资产净值为基础，以投资交易记录、损益记录、投资教育记录等为附加的复合标准。

第四节 互联网金融投资者开放准入的监管及制度条件

在大数据和人工智能技术的推动下，越来越多的投资决策将交由一套数据分析、算法和模型完成，投资者的地位与能力将发生巨大变化，互联网金融市场也将趋于瓦尔拉斯一般均衡。因此，在互联网金融市场的理想模式下，应该开放投资者准入门槛，并以投资者的经济实力确定可投资数额，实现投资者的"宽进"。

然而，这个数据和算法驱动的金融市场比任何时候都更需要人。人类需要选择、获取、储存数据，需要保障数据的准确性和真实性，需要设计计算机运行的程序和算法，需要分析和应用机器的实验结果。这些都需要随着互联网金融的实践，在制度层面进行深入的探讨和跟进。

因此，如果新技术赋予了互联网金融投资者"宽进"的充分条件，那么"严管"则成为《互联网金融投资者额度限制管理办法》得以落地的必要条件。"严管"应该是一项系统性工程，不仅包括高效的监管机制，还包括一整套市场主体责任边界清晰界定的法律规则，才能进一步促进市场有效及网络技术在金融领域的深度融合与发展。

一、互联网金融中的监管体系构建问题

维护市场的公平、诚实与安全是金融监管不变的主题。互联网金融投资者并不能完全排除受到欺诈误导、内幕交易、格式合同、不正当竞争等违法行为的侵犯。同时，互联网金融内生的金融风险与技术风险，也随时威胁着投资者的资金安全和隐私安全。在开放准入下，上述行为和风险可能会造成更广泛的影响。对此，监管者应以数据为中心，构建包含投资者信息数据库、监管信息系统和在线纠纷解决机制三位一体的监管体系，以满足更快速、更有效、更智能的现代金融监管需求。

（一）构建投资者信息数据库

如上所述，互联网金融投资者的可投资额度由其资产状况决定，且根据其专业程度进行调整，那么投资者信息数据的完整性和真实性就变得十分重要了。由此可见，投资者信

息数据具有准公共产品属性，目前"数据孤岛"的状态必将导致投资者的逆向选择和平台的竞相逐低，最终危害金融市场的整体利益。而且，投资者个人信息具有很强的隐私性，网络平台不合理、不规范的采集和利用，极易导致投资者的隐私权和财产权利受到侵犯。上述两点均表明，应由政府或准政府机构来构建互联网金融投资者信息数据库。

投资者信息数据库应包括投资者个人"资产数据"和"专业性数据"两部分。如上所述，投资者资产数据以投资者的经济实力为核心，以确定投资者对互联网金融产品的可投资额度。专业性数据一般包括投资者在互联网平台上操作行为的系列数据，以及据此开发的反应投资知识、投资经验、投资行为习惯、信息搜寻能力及分析工具使用能力等数据。例如，通过投资者的犹豫、后悔反映及后期评论，可得出投资者行为偏差的相关数据。专业性越强的投资者，可投资额度则相应提高。

政府或准政府机构应对投资者信息的数据采集、储存、分析和使用进行统一管理。数据库应实现与个人征信系统、社交网络、互联网金融平台、投资者教育平台等数据节点的对接，做到投资者相关信息的实时收录和存储。数据库对上述数据综合分析的结果，即简单地显示为每个投资者的可投资额度，投资者在多个互联网平台中投资，也只能在该许可的额度内扣减，以防止投资人通过多渠道盲目投资，超出其风险承受能力。如此，互联网金融平台只需在投资者投资前查看其可投资额度即可，无需对投资人进行复杂的类别划分和适当性匹配。

（二）构建互联网金融数据统计监测体系

近年来，随着计算机和网络技术的发展，金融业高度发达的国家大都建立了功能完善的金融监管信息系统，对本国国内银行、证券、保险等金融市场进行监测。例如，美国金融业监管局（FINRA）拥有一个巨大的数据库和一套电子监控系统 SONAR(The Securities Observation News Analysisand Regulation)，可对异常价格或交易量波动下潜在的内幕交易和其他违规行为进行监测，并快速做出反应，锁定违规账户。随着数据的大量积累和处理能力的不断提升，为实施互联网金融全范围的数据监测与分析，以及风险的识别、计量、预警和控制提供了技术基础。

在十部委联合发布的《关于促进互联网金融健康发展的指导意见》中，也提出监管机构应当密切关注互联网金融风险，建立和完善互联网金融数据统计监测体系，实现统计数据和信息共享。在这一指导原则的基础上，笔者认为，互联网金融数据统计监测体系应具备完善的数据采集机制，投资者保护的动态指标监测机制及风险预警机制。

首先，完善的数据采集机制是监管信息系统的基础。在借鉴发达国家经验的基础上，以投资者保护为核心，除上述投资者信息数据外，数据采集还应包含互联网金融平台数据、产品数据、交易数据三大部分。具体来说，其一，根据 JOBS 法案对公众小额集资门户的注册要求，平台数据应包括运营模式、经营状况、财务状况、潜在风险、管理团队及薪酬，以及托管机构、预计服务费收入等重要信息。其二，互联网金融产品数据应该包括产品的基本信息及风险信息。由于基本信息采集与互联网金融平台的基本信息披露责任一致，且与后者更为紧密，故置于下文讨论。而产品的风险信息则指风险发生后的数据采集，如违约产品、提前终止产品、延迟兑付产品、实际收益率低于预期收益率产品的产品名称、发行数量和实际损失金额等信息。其三，交易数据应该包括交易过程和交易结果的相关数据，交易过程即契约达成的全过程，包括交易中的价格形成、合同条款设计、合同使用的固定表格和格式等，交易结果数据包括交易金额和交易量等信息。同时，为了保障上述数据的真实性，监管者应制定法律法规，对数据采集的内容、范围、方式、渠道和频率等标准，以及出现虚假数据的责任认定进行规定。

其次，开发以互联网金融投资者权益保护为重心的动态指标监测与分析机制。如前所述，互联网金融投资者的各项合法权益同样会遭受侵害。监管者应在传统金融市场行为监管的基础上，针对互联网金融中独特的业务行为问题及其市场影响进行监管。在未来的监管中，监管者可以通过对上述数据的数据挖掘和分析，以维护公平、有序的市场竞争为标，开发出一套有若干主要特征定义的监管指标体系，如特定类型的产品、产品设计、合同规范性、违规营销、误导欺诈、信息充分性、交易安全性、投资者行为偏差等。对这一指标体系进行动态、实时的监测和分析，将使得互联网金融监管朝着系统性的定量分析迈出实质性的一步。分析的结果不仅能对投资者保护的监管目标和效果尽可能地准确评估，还能促进互联网金融市场法律法规、监管规范、行业规则的持续完善。

最后，针对互联网金融特殊的风险形式，建立风险评测模型，实现对风险的事前预警。如今发达国家金融监管信息系统一个最主要的特征，就是采用各种风险评测模型对各类风险进行有效的分析、预警和预测。是否具有完善的风险评测模型已经成为衡量一个金融监管信息系统质量的重要指标之一，也是金融监管信息系统发展的基本方向。由于互联网金融平台的信息服务属性，其与传统金融机构相比，风险的性质、原因及影响也不尽相同。因此，监管者应以维护互联网金融平台稳健运营和金融体系的稳定为目标，借鉴传统金融宏观、审慎监管的指标设计，开发出互联网金融独特的、科学的风险评测模型，实现对金融风险的事前预警和处置。

（三）构建在线纠纷解决机制

有学者担忧互联网金融投资者在受到欺诈时，没有能力进行诉讼或获得损失赔偿。由于大多数个人投资者的投资数额受到限制，可能导致诉讼成本远远超过了投资价值，"搭便车"的心理严重。同样，对于律师来说，庞大的投资人数与微薄的赔偿数额形成了巨大反差，代理集团诉讼也可能毫无吸引力。然而，便捷的在线纠纷解决机制，能使这一担忧得到有效化解。

随着电子商务的兴起，在线纠纷解决机制（Online Dispute Resolution，ODR）作为一种替代性纠纷解决机制在国外广泛运用，包括在线和解、在线调解、在线仲裁等。与传统替代性纠纷解决机制相比，ODR程序的发动以及运行都是以在线的方式完成，让不同地域的当事人在虚拟的空间里协商解决问题。并且，ODR 没有严格的诉讼程序和诉讼时效规则，具有很强的灵活性、便捷性。

在十部委发布的《关于促进互联网金融健康发展的指导意见》中，也提出构建多元化的纠纷解决机制，并特别提及了在线争议解决机制。笔者认为，互联网金融的在线纠纷解决机制应包含两方面内容。一方面，互联网金融平台应畅通投诉渠道，开通在线调解功能。互联网金融平台作为产品信息的汇集者和传播者，对纠纷情况比较熟悉，由其先行处理可以简化环节，节约成本。受欺诈的投资者也可以在第一时间快速集结，进行信息沟通与共享，使得调解过程更为透明。另一方面，监管部门、仲裁机构及行业自律组织也应建立多元化的 ODR 平台，利用电子邮件、网络聊天室、网上视频会议等技术，受理金融消费者的投诉、申诉案件，对上述数据库进行调查和取证，推动纠纷解决的专业化、效率化以及广泛认可性。此外，有学者提出，将来计算机及网络技术可以运用算法，作为"第四方"参与到互联网金融纠纷的解决中来。

二、互联网金融中的信息披露责任问题

毋庸置疑，与传统金融一样，互联网金融产品信息披露的主要责任应由融资人承担。但互联网金融平台在信息披露中扮演何种角色，承担何种责任，在立法上一直模糊不清。随着互联网金融行业的创新已遥遥领先于传统金融法律架构，确认互联网金融服务平台的责任边界，已经成为当前迫切需要解决的问题。

互联网金融中介组织与传统金融中介组织相比，在职能和作用上有着本质的不同。Mishkin 指出在传统金融模式下，金融中介以私人生产和出售的方式处理信息，商业银行、证券公司、评级机构等专门机构负责搜集和生产区分资金需求者好坏的信息，然后卖给资金供给者。在金融产品发行和交易的过程中，传统金融机构直接介入其中，以信息处理为常规业务获取盈利，包括尽职调查、参与协商谈判、发布广告和承销，以及融资后的持续性介入等。因此，金融监管法为各种传统中介机构，不同程度地规定了信息披露义务、风险提示义务、信息真实性的担保义务，并明确了相应的责任。

然而，互联网金融的信息生产和处理机制发生了变化。信息生产在电子商务和社交网络中既已完成，海量的数据信息被实时记录和储存，保障了信息的真实性和充分性。搜索引擎和算法实现了信息的自动处理和标准化，形成时间连续、动态变化的信息序列，让投资者变得更为专业。高速的信息传递方式进一步提升了信息披露的及时性。随着大数据技术和金融的融合，互联网金融投资者逐步摆脱了信息弱势地位，互联网金融平台也能演变成一个纯粹的投融资信息发布、查询和匹配的服务平台，并不承担传统金融机构的调查验证、信息处理、撮合交易及项目推荐的职能和作用。

上述信息服务平台的法律定位，直接决定了互联网金融平台在金融产品信息披露中是一种"第三方义务"。一方面，平台并非欺诈主体，其对金融产品基本信息的真实性负有

善良管理义务，超出这一范围的不再承担责任；另一方面，平台有分析和处理相关数据的能力，监管机构应该充分利用，将其转化为监管优势，即平台还应负采取必要措施促进信息披露有效性的义务。

首先，互联网金融平台对基本信息真实性的善良管理义务。但从目前的立法来看，《关于促进互联网金融健康发展的指导意见》中规定："从业机构应当对客户进行充分的信息披露，及时向投资者公布其经营活动和财务状况的相关信息，向各参与方详细说明交易模式、参与方的权利和义务，并进行充分的风险提示。"而在《私募股权众筹融资管理办法（试行）》中规定："平台负责对融资方进行实名认证；对融资项目的合法性进行必要审核。"上述对于互联网金融平台义务的规定都比较模糊，一旦出现欺诈问题，市场主体无法以此为依据判断责任归属。笔者认为，法律应从"基本信息"和"善良管理"两个方面，对互联网金融平台的信息真实性义务进行规定。

一方面，法律法规应对互联网金融产品基本信息的内容和范围做出明确规定。参考JOBS法案规定众筹发行人必须披露的信息来看，应包括产品信息，如发行人名称、地址、组织形式、治理结构、主要业务类型、经营情况、财务情况、资本状况等；发行信息，如募集资金的目的和用途、募集金额、募集存续时间、预计兑付投资人收益、现有投资人数、兑付时间等；增信信息，包括增信方式、担保机构名称、担保费金额、担保费率等。此外，发行人还应对可能造成损失的情况和理由及可能影响收益的突发事件，在平台上进行风险提示。由于各种类型金融产品的内容、功能和风险不同，必须说明的"重要事项"也不相同，可以通过类型化规定提高可操作性。

另一方面，互联网金融平台应对平台上信息的真实性进行审验，并负有善良管理义务。根据互联网金融平台的信息服务地位，其只能以普通投资者的注意义务对平台上披露的信息进行审验，做到基本真实，没有故意或重大过失即可。对于那些只有专业机构在尽职调查中才能发现的虚假信息，如极其隐秘的法律、财务问题，互联网金融平台并无能力进行察觉，强制其对信息披露的绝对真实性负责，则意味着将其地位与传统金融机构进行了混同，不合理地将投资者的信息搜寻成本加在了互联网金融平台上。值得注意的是，投资者决策依靠的信息通常以数据形式表现，但电子数据具有易修改性和易操纵性，例如发行人很可能对自己的金融产品匿名发布好评，或通过发布差评打击对手，从而达到改变评价性信息的目的。互联网金融平台应采取增加监测和监控设备、细化的算法等方式剔除虚假信息。因此，从数据技术性层面上的真实性来看，互联网金融平台可视为"专家"，应对原始数据不被人为修改或操纵负有保障义务。如果原始数据错误、篡改造成了投资者损失，互联网金融平台应承担赔偿责任。而且为了保护投资者，并不需要区分这一错误数据是来自于互联网金融平台，还是来自外部的社交网络或电子商务平台，但互联网金融平台可以向外部数据来源方追偿。

其次，互联网金融平台还负有促进信息披露有效性的义务。这一义务虽然在现行立法中并没有相关规定，但由于互联网金融独特的信息机制提高了信息披露的充分性和及时性，在一定程度上降低了双方的信息不对称。因此，互联网金融平台应在技术层面上为信息机制功能的有效发挥提供保障，并负有相应的义务，同样包含两方面内容。一方面，传统的信息充分披露原则一般是指金融机构的风险揭示义务，对于互联网金融平台而言，其本身对金融产品的所涉风险并无核查能力，更不可能准确、详尽地告知投资者。但是，互联网金融机构具备利用信息科技将大量碎片化信息进行整合和处理的技术能力，可以为投资者提供金融产品支持者人数、评论、报告、广告，以及产品参数、销量、信用等数据，让其自行判断风险。从这一意义上来说，互联网金融平台应尽可能增加数据接口，为大数据分析提供充足的源数据总量，以替代自身的风险揭示义务。另一方面，传统金融监管要求证券发行人快速、及时地向公众披露与其财务状况或运营重大变化有关的信息，但依然与生产经营过程中信息产生的连续不间断性出现矛盾。互联网金融平台可通过链接发行人财务数据库端口，或电子商务平台产品销售数据等技术方式，使投资者能够实时地获取、查阅公司的信息，并通过移动设备、社交网络实现实时传递。同时，互联网金融平台还可以利用融资人信用监控预警、融资资金管理和监控等技术来进行风险管理和控制，一旦发现融资人存在重大风险，应立即停止其融资权利，并将所有数据提供给投资者和监管部门。然而，在为信息披露有效性提供技术保障的相关义务，互联网金融平台应承担何种责任及如何承担责任，都有待在实践中进一步研究、验证。

三、互联网金融中投资顾问认定的相关问题

TOBS 法案规定集资门户不得向投资者提供投资咨询或建议，我国《私募股权众筹融资管理办法（试行）》中也规定，众筹平台除具有投资顾问业务资格外，不得从事投资顾问业务。但在互联网金融的新环境下，"投资咨询和建议"的界定标准，都应该有新的认识。

在传统金融监管中，投资咨询和建议必须满足"有针对性的推介"的要求，即为特定客户量身定做的，且建议的内容涉及买卖、持有、认购某种特定的证券或是否行使持有的某种证券权利的具体建议。同时还确立了"出版商豁免"规则，出版商即使发表了"包含对证券和黄金市场一般评论、市场指数和投资战略评论以及买卖或持有特定股票或黄金的具体建议"，也倾向于被视为新闻而不是投资建议。这与促进新闻出版的目的密切相关，出版商的目的在于卖报纸，而非卖证券，因此豁免于投资顾问监管。但这一规则在互联网金融的新环境下，是否能继续适用，是否需要重新认定，都需要从本质上和效率上进行评判。

首先，个性化服务、以用户为中心是互联网金融的主要特征之一。互联网金融平台能通过大数据技术准确把握特定用户的风险偏好，定向化、精准化地推介金融产品及服务。正如电脑程序能在网络商城的上万种产品中，根据消费者输入的特定搜索条件或之前留下的搜索足迹，自动进行个性化推介、排序和对比一样。如果按照传统"有针对性"的标准认定，互联网金融平台的个性化服务即构成提供投资咨询与建议的行为，应受投资顾问法律规则的约束。平台不仅需要满足资格准入及行为要求，还需对推介的错误承担责任。但

是，这一结论并未把握投资顾问规制及互联网金融的本质属性。

投资顾问本质上是专业中介机构，当事人基于对其"所具备的专业知识、专门技能及被认可的专业资格"的特别信赖，而委任其提供投资咨询和建议。投资顾问在执业过程中，须承担以信赖责任为基础的高度注意义务，被称为"专家责任"。然而，这与互联网金融的去中介化本质形成鲜明反差，互联网金融平台本身并非专业的中介机构，其法律定位依然是一个信息发布平台。用户也不可能对数据运算程序和算法自动生成的个性化推介结果产生信赖，尽管信息技术有可能使这一结果比一般专家得出的更为正确，也仅能被视为一种投资决策的参考观点。如果对大数据等信息技术的使用课以"专家责任"，会不公平的增加互联网金融平台的运营成本。因此，从一定意义上说，由于信息技术增强了投资者的各项能力，互联网金融从传统金融的"专业机构的信赖义务"还原为"投资者自行决策，自担风险"的责任体系。并且，互联网金融平台应在页面明确提示投资者，"网站并不担保投资推介和建议的正确性"。

但是，互联网金融平台的商业模式不可避免地存在一定的利益冲突，极易诱使网络平台人为操纵金融产品的推介结果，如百度推广，将付费的金融产品优先推介或优先排序。这种被"暗箱"操控的个性化推介形成了互联网金融销售过程中的一种新的欺诈和虚假陈述的形式。因此，互联网金融平台应对信息挖掘来源、变量指标、算法运用和程序等影响推介结果的信息，以及是否存在发行人"推介购买"的情况进行公开和提示，接受必要的监管，并对由此导致的投资者损失承担相应的法律责任。因此，《互联网广告监督管理暂行办法》（征求意见稿）规定："付费搜索结果应当与自然搜索结果有显著区别，不使消费者对搜索结果的性质产生误解。广告经营者、广告发布者、互联网信息服务提供者应当公布其从事互联网广告活动的收费标准和收费办法。"这一规定应该在互联网金融中得到更好的落实和执行。

其次，在网络上区分新闻、广告和投资建议是异常困难的。如今，软文、博客和专栏以及各类机构在网络上发布的免费报告都一定程度上存在倾向性，可能对投资者的投资决策产生诱导作用，对此是否还可简单适用"出版商豁免"应重新审视。从立法原则上说，互联网的本质是促进信息免费或低价交流，这些信息虽然带有倾向性和感情色彩，但只是完整信息链上的部分内容。投资者有能力、低价格地利用搜索技术和计算技术查看到信息的全貌，并能做出理性分析的时候，应该为自己的"轻信"和"过度依赖"这些"似是而非"的投资建议付出代价。因此，减轻信息来源端的谨慎注意义务，有利于信息的充分公开与流动，互联网金融投资者能得到更为准确的分析结果，社会福利得到提升。但是，社交网络成为投资者最为重要的交流平台和信息来源，网络社区达人和博主一般都是影响较大的专业人士，很容易成为投资者的信赖对象。他们的"软文"掩盖"广告"付费服务宣传推广的性质，混淆广告和新闻报道之间的界限，已达到使读者将付费服务误以为客观报道的目的，对此，制度的完善应该从广告标记、法律责任等方面展开。我国《广告法》规定：广告应当具有可识别性，能够使消费者辨明其为广告。大众传播媒介不得以新闻报道形式发布广告。通过大众传播媒介发布的广告应当有广告标记,与其他非广告信息相区别,不得使消费者产生误解。"同时,我国《互联网广告监督管理暂行办法》(征求意见稿)也规定:"自然人以收费或者免费使用商品、服务等有偿方式在互联网推荐商品或者服务时,应当使普通互联网用户能够清楚了解该种有偿关系,识别其作为广告代言人或者不同于普通互联网用户的身份。"综上,以软文为例,对其课以投资咨询和建议的责任当然是不恰当的,但也不能简单地认为是"出版社豁免"就不加以追究,虽然在行政管理中规定了"识别性"的义务,但违法者在民事范围内应当承担何种法律义务和责任,投资者可获何种民事赔偿,都需要理论和实务界的共同探讨。

四、互联网金融中的投资者教育问题

互联网金融的开放准入,取消了投资者的"信赖"诉求,使其风险自担。随着用户的急剧增加,意味着大量没有投资经验的个人投资者投资于互联网金融,虽然他们可以利用大量信息技术变得更为理性,但大数据并非神话,也存在本身的固有缺陷。无论多么完美的算法和模型,都无法对人类行为的随机性和不确定性进行分析和预测。精妙的算法也并不能排除"黑天鹅"事件的存在。

因此,在互联网金融时代,投资者需要更加注意分析工具的优点和局限性,不应完全放弃自己的理性和自由意志。但是,新一代的投资者容易被复杂的算法和模型所迷惑,对其产生不切实际的幻想和崇拜,最终导致模型被误用和滥用的严重后果另外,互联网金融使数据分析模型的可获得性大大增加,但并不意味着个体投资者在作决策时能真正完全利用或正确利用。相反,眼花缭乱的数据处理技术和分析结果,使得投资者盲目乐观地相信自己具有"专业投资者"的能力,实际上他们可能比一般投资者更为脆弱,更容易被"技术"所误导和欺骗。

为了让互联网金融投资者在金融决策中更好地发挥作用,承担责任,除了需要法律规制和监管外,还需要通过对投资者教育来增强互联网金融投资者的自身能力建设。很多研究都表明,投资者教育对金融行为的改善能产生积极作用,能更有效地防范欺骗,有意识地对盲目信任自身经验和分析工具的想法加以纠正,并能更好地利用分析工具和结论进行投资。中国人民银行等十部委在《关于促进互联网金融健康发展的指导意见》中,提出研究制定互联网金融投资者教育规划。那么,谁来提供投资者教育,以及如何提高教育效率,都是需要研究的重点问题。

网络慕课丰富了互联网金融投资者教育的资源,降低了成本,教育主体也呈现出多元化趋势,可由监管机构、互联网金融平台、第三方机构或者投资者自我教育等多方提供,但结合教育的效率考量,互联网金融平台应发挥主要作用。具体来说,互联网金融平台应根据监管机构制定的相关规章制度及基本要求,制作投资者教育材料,其中须包含一些基本项目,如财务知识、识别和评估风险的技术、预防欺诈的方法及补救措施、分析工具的使用及结果的客观评价等。除基本项目外，互联网金融平台还可以为用户提供个性化的教育方案和材料，促进教育效率的提高。研究表明，成功的教育依赖于计划的细节因此，个性化的教育更应突出个体投资者的需求、偏好、有限注意力和情绪反应，做到量体裁衣，这些数据可以从投资者信息数据库中获得，也可以根据投资者对教育材料的选择、停留时间、关联搜索等数据分析获取。而且，互联网金融平台可以更好地找准教育时机，在投资者做出关键投资决策前，根据具体项目让其学习相关材料。互联网金融平台也能从中获益，接受更多信息的投资者会更加满意，不仅能吸引更多的潜在用户，平台上受过教育的投资者还可以相互交流，共同发现好项目和潜在骗局。

需要特别说明的是，经注册的互联网金融平台应与投资者信息数据库进行数据对接，投资者在互联网金融平台上所受的教育，以及投资经历都能实时上传至数据库中。如此，一方面，监管者可根据投资者专业程度的提升，适当提高其可投金额，形成长效的参与和激励机制。投资者在不同的金融平台上投资时，也可免于重复接受教育。另一方面，监管者可以根据相关上传数据，审查互联网金融平台提供的教育材料是否符合要求，识别是否存在投资者教育不实的情况，并对数据可疑的互联网金融平台开展相应的行政措施。

第四章　互联网金融对传统金融监管理念的挑战与完善

　　什么是理念（ratkmle）？理，即道理、法则表示事物存在的合理性和正当性；念，表示这种合理性和正当性被普遍接受，具有符合人们信念的根基。"理"与"念"的结合，就是客观性与主观性的对立与统一。从功能意义上来说，理念是理论认识的原点，是主导、引导人们从事实践活动的最抽象、最深刻、作用和影响最重要的精神原则。因此，金融监管的理念，就是人们对金融业监管的合理性和正当性所持有的基本信念和信条，是从人们普遍的信念和信条中探讨和发现金融业监管所具有的合理性和正当性。并且，金融监管理念是金融监管原则、监管制度、监管模式、监管方式、监管职能与程序等的原点和出发点。

　　在不同的金融历史发展阶段，金融监管理念呈现出不同的内容和特点，并主要体现在那一时期学术思想及国家政策层面的变迁与演进之上，尽管有些监管理念或超前或落后于它产生时的经济实践和社会形态，但它必然带有那个时代的金融活动的烙印。当前，金融监管理念涉及的领域越来越广，几乎涵盖了经济学、管理学和社会学等学科，如制度经济学、信息经济学、控制论、博弈论、系统论、宏观经济学、微观经济学等，它的一些分支理论，如证券监管理论、银行监管理论等也迅速发展，并在实践中发挥着越来越重要的作用。

　　但是，随着互联网与金融的进一步融合，如前所述，金融风险与危机都展示出了新的特征和内涵，现有的监管体系和监管框架已经不能很好地将这些风险都纳入其中，一旦风险进一步扩散成金融危机，将给整个社会和经济带来巨大的灾难性后果。因此，互联网背景下金融创新对传统金融监管的挑战，首先应当从理念的深度和高度进行探析，继而在监管理念上率先提出完善之策，以使重新设计的监管体系和框架具备科学的依据，并在普遍认同下获得强大的精神支持。

第一节　传统金融监管理念的演化、内容及特点

　　从本质上说，金融监管理念所要研究和回答的基本问题是：为什么要实施监管，以及监管如何才能达到最优化。也可以说，金融监管理念就是围绕着处理好安全与效率、监管机构的风险控制能力与金融市场完全性程度、投资者利益保护水平与金融市场系统性风险水平这三个关系而形成、演化和不断完善的。

一、传统金融监管理念的演化

由于金融监管是一种与市场自发运动相对应的政府行为,因此,金融监管理念的根源是与"看不见的手"相联系的,并且主流经济学对是否采用政府干预宏观经济进行了反复的争论。也是在这一背景之下,20世纪的金融监管理念随之发展,并主要经历了"自由——管制——放松管制——重新管制"的阶段。

(一)早期的金融监管理念(20世纪30年代以前)

1776年,亚当·斯密出版了《国富论》,从此"看不见的手"成为市场经济的准则,以此作为范式和基础,早期的金融监管理论是建立在古典经济学和新古典经济学对金融市场的崇尚自由放任的基础之上。因此,20世纪30年代以前,金融监管理论更多地集中在实施货币管理和防止挤兑的政策层面,很少论及对于金融机构经营行为的监督和干预。然而,20世纪30年代的全球经济大危机,扭转了金融监管理论关注的方向和重点。

(二)全面控制的金融监管理念(20世纪30——70年代)

20世纪30年代的金融危机,向自由经济发起了进攻,经济内在不稳定性被察觉,并表明金融市场有很强的波动性。1936年,凯恩斯发表的《就业、利息与货币通论》一书,使"看不见的手"遭到挑战,并逐步占据主流经济学的地位,政府对经济运行干预与监管的力度加大。这一时期,金融监管成为焦点,金融监管理念以监管需求为基点,并主要建立在市场不完全性和金融体系的脆弱性的基础上。由此,形成了金融监管的两大理论体系:公共利益的监管理论和金融脆弱的监管理论,这些理论为当时西方发达国家对金融领域进行严格、广泛的管制提供了理论支持和依据。

(三)放松的金融监管理念(20世纪70——90年代)

放松金融监管的理论并不是对政府金融监管的全面否认和摒弃,而是要求政府对金融监管做出适合于效率要求的必要调整和改革。麦金农和肖提出了著名的"金融压抑"和"金融深化"理论,并成为是放松金融监管的基本理念,其核心主张是放松对金融机构的过度严格管制,特别是解除对金融机构在利率水平、业务范围和经营的地域选择等方面的种种限制,恢复金融业的竞争,以提高金融业的活力和效率。他们指出要实现经济增长,只有实行全面的金融自由化,但加速一国的金融自由化,同时也可能加剧金融风险,并详细分析了国际资本流动与一国的金融信用自由的关系。麦氏的金融发展理念,成为各国政府纷纷减少市场干预,放松对本国金融市场严格监管的理论基础,使得本国金融机构的效率显著提高,金融业蓬勃发展。

(四)重新加强的金融监管理念(20世纪90年代至今)

20世纪90年代以来,金融危机的频繁爆发,特别是1997年的亚洲金融危机给沉醉于金融自由化、全球化的人们上了沉重的一课。这一时期，金融监管理念逐步转向如何协调效率与稳定的关系，如何加强金融体系的安全性保障和系统性风险的防范上来，并形成了新金融监管理念。

与以往的金融监管理念有较大不同的是，新金融监管理念开始越来越注重金融业自身的独特性对金融监管的要求和影响，较为重要的有道格拉斯和蒂伯维格提出的银行挤兑模型和罗伯特·默顿的功能性金融监管等。这些理论的出现和发展，不断推动金融监管理念向提高金融活动效率与防范金融体系风险并重的方向转变。另外，面对经济一体化、金融全球化的发展，对跨国金融活动的风险防范和跨国协调监管也已成为当前金融监管理论的研究重点。以国际清算银行、国际货币基金组织等机构为代表的国际金融组织对国际金融监管理论的发展做了新的贡献。

2008年全球金融危机的爆发给各国金融业和金融市场带来了前所未有的冲击，银行纷纷倒闭，货币市场陷于瘫痪的境地，金融体系濒临崩溃的边缘。至此，金融监管理念并没有本质上发生改变，但效率与安全并重的天平已经逐渐向维护金融系统稳定、保障金融机构安全的方向倾斜。

二、传统金融监管理念的主要内容

1933年美国 Grass-Steagall 法案的出台和联邦存款保险制度的建立，标志着现代金融监管体系的形成，而建立于新古典经济学基础上的监管理念为其提供了理论基础，并在此基础上，形成了如下金融监管理念。

（一）"经济人假设"理念的形成与填补

如前所述，早期的金融监管理念是建立在新古典经济学基础之上的，新古典经济学的核心假设是"经济人假设"，即经济人作选择的目的是使个人效用最大化，经济人具备的关键性特征是偏好。新古典经济学的基本范式是一般均衡定理，即在每个个体实行自利行为下，"看不见的手"将自动实现市场均衡，金融市场能够完全和正确地反映所有与决定资金、证券等价格有关的信息，并通过市场进行效用最大化的配置，最终成为一个"有效市场"。

因此，若市场参与者都是"经济人"的假设前提下，金融监管理念便是维持市场的有效性，把排除一切造成市场非有效的因素视为关键目标，并奉行少监管是最好的监管原则。具体来说，有三点认识：其一，因为市场价格信号是正确的，可以依靠市场纪律来有效控制有害的风险承担行为；其二，要让问题机构破产清算，实现市场竞争的优胜劣汰；其三，对金融创新的监管没有必要，市场竞争和市场纪律会淘汰没有必要或不创造价值的金融创新。管理良好的金融机构不会开发风险过高的产品，信息充分的消费者只会选择满足自己需求的产品。而且就判断金融创新是否创造价值而言，监管当局相对市场不具有优势，监管反而可能抑制有益的金融创新。

然而，无数次的金融危机表明，许多金融市场问题很难单纯用理性假设给出合理的解释，经济学家必须引入博弈论、社会学、心理学等分析因素，对这一基础性的金融监管理念进行填补。

首先，凯恩斯（1933）将非理性的心理和行为（或称"动物精神"）纳入金融监管的分析框架。凯恩斯认为，由于对不确定的未来进行收益估计的知识基础没有意义，人们的投资决策只能"被看作是动物精神（AnimalSpirit）使然"，它们来自于人们"想要采取行动的冲动"。他还认为，动物精神是导致宏观经济波动和经济危机的根本原因。阿克洛夫和希勒（2009）的最新研究表明，尽管市场参与者大多数经济行为源自理性的经济动机，但也有许多经济行为受"动物精神"的支配，即人们总是存在非经济方面的动机，在追求个人利益时，并非总是理性的，最为典型的一个例子就是投资者的从众心理导致的羊群效应。

其次，还存在个体理性与集体理性的冲突，每个人都理性行事，并不能保证加总之后的结果还是理性的。萨缪尔森在其《经济学》教科书中将这种情形概括为"合成谬误"，还生动地举例说，每个人踮起脚尖来看庆祝游行并不能使每个人都得到好处。从"博弈论"的角度看，也将这种现象称之为"囚徒困境"。这一模型可以很好地解释银行面临的"挤兑风险"。戴蒙德（Diamond）和戴维格（Dyb-vig）在此基础上，给出了一个经典的银行挤兑的动态模型，进而得出结论，不能清偿并非银行挤兑的必要条件，但任何对存款者信任产生不利影响的事件、消息都将导致银行挤兑。

（二）金融脆弱性的监管理念

20世纪60年代以后，金融体系自身的内在脆弱性开始吸引金融监管研究的视线，并形成了金融监管必要性的一个重要依据——金融脆弱的监管需求理念。由于这一时期银行在金融体系中处于核心地位，该理论主要以银行的脆弱性为研究对象，并以此扩展到整个金融体系的脆弱性上。

海曼·明斯基（HymanP.Minsky）最先提出了金融体系脆弱性假说，他认为以商业银行为主的信用创造机构，以及其他类似的借款人的内在特性，使得他们具有内在的不稳定性，并将经历周期性的危机和破产浪潮，金融中介的困境还会被传递到经济的各个组成部分，导致宏观经济动荡。而随着经济周期的进展，现实经济中的三种融资行为（谨慎融资、冒险融资和庞氏融资）中，后两者融资行为将越来越多。期间资金链条的断裂很可能导致金融机构的破产，特别是银行的倒闭，最终会引发金融危机的出现，因此，政府干预与监管制度的建立可以有效降低这种内在脆弱性，实现金融的稳定发展。

金融初构（商业银行）的内在脆弱性，具体来说主要有以下两个方面：

首先，银行具有流动性风险。如前所述，银行作为中介机构，其基本功能是把不具流动性的或流动性差的资产转化为流动性强的资产，实现借短贷长的期限错配。银行实行部分准备金制度，比工商企业具有更高的负债比率，严重依赖于外部资金来源和社会公众的信任，本质上就是一种高风险的行业。当银行面临信贷风险时，若银行的各类准备金总和低于期贷款损失，银行就失去清偿能力，而且银行单凭市场力量，又无法快速、有效地解决其面临的流动性压力资产质量的继续恶化可能会触发挤兑风潮。对此，戴蒙德和戴维格（Diamond&Dybvig）从剖析银行业的内在不稳定性入手，建立了银行挤兑理论（D-D模型）。他们进一步指出，由于信息不对称、不完全及"羊群效应"的存在，对困境银行的挤兑也会传染到"健康"的银行，从而造成整个银行业的恐慌，甚至造成金融体系的崩溃。

因此，政府应在保护银行免受挤兑的过程中发挥作用，学者们主张监管者应重点加强对信息的管理，使信息更加透明和对称，在全社会范围确立广泛的"信心"，减少银行遭受挤兑的机会，实现金融体系的稳定；此外，监管者还可以实施最后贷款人制度和存款保险制度，降低存款人的挤兑动机，减少危机发生的可能性。

其次，金融机构存在操作风险。随着金融活动的不断创新，金融机构的内生脆弱性逐渐由操作性风险引发而起，从而给整个金融体系带来了风险。从2008年金融危机来看，金融机构的操作性风险主要有：一是金融业务上的高杠杆作用，限制了金融机构其至整个金融体系承受冲击的能力，哪怕是很小的市场波动都能带来严重的后果，并导致了系统性风险的快速扩散。美国次贷危机发生时，很多金融机构的杠杆率超过了30倍，有的甚至高达60倍。这种高杠杆运作被认为简直就是"在刀尖上跳舞"。二是金融机构管理上的"委托—代理"问题，金融机构的收益与风险、责任呈现出严重的不匹配，这将诱使金融机构从事高风险业务，播下危机的种子。而在公司治理方面，金融机构的高管们为了谋求高额的收入和奖金，只顾冒险追求利润，毫不顾忌股东和存款人的权益。在此次次贷危机中，许多金融机构的公司治理和内控机制失灵，没有发挥制约、制衡的作用。同时，内部的薪酬机制也在很大程度上助长了短期冒险行为和不负责任，加剧了风险管理失效。操作性风险导致的金融脆弱性常常隐藏在金融结构中，一旦出现宏观性的风险，金融工具的脆弱性、金融机构的脆弱性、金融市场的脆弱性就会暴露出来，从而影响整个金融体系的稳定。

（三）"市场失灵"的金融监管理念

国家干预经济的通行理论认为，由于市场存在失灵或缺陷，如垄断、负外部性和信息的不对称性等，社会生产没有达到帕累托效率，因此，政府需要干预进来，矫正市场失灵，以实现社会边际效益的最大化。将此运论移植到金融业中，我们发现金融业也存在着严重的市场失灵，从而使得对金融业的监管必要、正当且合理。

1. 垄断的金融监管理论

经济生活中，优胜劣汰的自由竞争会导致行业的过分集中，并产生垄断，垄断产生以后，市场的市场竞争机制将遭到破坏，导致市场失灵。因此，政府作为社会利益代表，有必要为了实现效率目标以及社会公正的需要，对垄断引发的市场失灵进行干预。

一般来说，金融市场中竞争是普遍的，但金融业务存在规模经济效应，规模越大，则成本越低，收益越高。这意味着，金融机构从一开始，就存在着一定的自然垄断倾向。巴尔登斯贝尔（Bahensperg-er，1972）、本顿（Denton，1982）和吉林根（Gilligan）等研究都表明规模经济在某种程度上也存在于银行业。他们指出，银行的规模越大，分支机构分布越广，各种服务设施（如自动柜员机等无人设施）越齐全，就越有可能为客户提供安全便捷的服务，就越能吸引更多的客户，在市场中的竞争地位就越巩固。最终，一旦一家或少数几家金融机构占据了相当的市场份额，其他类似的金融机构的进入障碍就会加大，竞争就会减少。金融业的高度集中垄断不仅会在效率和消费者福利方面带来损失，而且也会对社会产生负面影响，因为银行拥有贷款价格决定权，很有可能造成价格歧视、寻租等情况。对此，Meltzer认为金融市场的自然垄断性，是导致金融体系不稳定的主要原因，主张通过政府监管消除垄断，保障金融体系的稳定运行。这一理论为开业管制、开设分支机构和银行合并管制等以防止金融力量的集中和过度竞争的监管措施提供了依据。

但是，垄断的金融监管理论由于种种原因以及金融集团的影响，在理论研究层面上并非十分完善；在司法实践中，"美国最高法院通过判例，明确规定反垄断法不适用于金融行业"；在监管上也表现出了放松管制的倾向，对影响市场结构和影响经营行为的规制措施都有所放松，前者如放开分业经营的限制措施、金融业的准入限制措施和对资本账户实行自由化等，后者如取消对金融机构利率的限制、贷款规模限制和设立分支机构的限制等。

2. 负外部性的金融监管理论

外部性指在相互联系、相互作用的经济主体之间，一个主体的活动对其他经济主体产生影响，而该经济主体又没有根据这种影响从其他经济主体获得报酬或向其他经济主体支付赔偿。外部性既可以是正面的和积极的，也可以是负面的和消极的，负外部性所导致的重要后果是资源不能实现有效配置。为此，政府需要对经济进行调节，控制负面的外部性，防止或制止外部性从微小的麻烦发展成巨大的威胁，提高经济效益。

外部性在金融业中普遍存在，与金融脆弱性理论非常相关，只是角度上的不同。可以说，金融机构的脆弱性就是其产生负外部性的内在原因，究其根本，两者都在于风险和收益的不匹配。具体而言如下：

首先，金融机构比一般工商企业具有较大的负外部性。一般企业的负债率达70%就已经很高了，国际上多数发达国家的工业企业的负债率大体在50%左右，而根据《巴塞尔协议》规定银行的资本充足率为8%，即银行的负债率为90%以上，银行可以用少得多的资本支持同样规模的资产运营，当问题发生时，金融机构所有者遭受的损失要小得多。但是，一般企业倒闭，直接受损失的主要是人数较少的企业所有者，而银行在经营过程中对即期存款和少量准备金的过度依赖，导致其易于遭受挤兑风潮，遭受损失的将不仅仅是企业所有者，广大储蓄者也将蒙受损失。再者，如果对一家银行的挤兑行为控制不好，就有可能引发对其他银行的挤兑，最终形成银行业的系统性金融风险，危及实体经济的健康运行。

金融业都具有传染性，挤兑与恐慌心理在证券市场上也表现得非常突出。受到雷曼兄弟公司倒闭以及低于净值之害，激发了金融机构对整个货币市场互助基金的挤兑。这一挤兑不仅导致主要货币市场互助基金的严重流动性压力，而且对严重依赖货币市场互助基金提供资金的银行、其他金融机构以及货币市场私人参与者也造成了压力。而且，由于金融机构之间彼此拥有头寸，挤兑造成金融市场流动性的负外部性，在金融领域中可能不断的自我放大和自我加剧，最终导致系统危机或崩溃。

其次，系统重要性金融机构比普通金融机构具有更大的负外部性。2008 年金融危机表明，系统重要性金融机构在出现金融危难、快速去杠杆化或机构混乱倒闭时会出现巨大的负面外部性。

基于以上两点，负外部性监管理论认为，放任金融机构的自由竞争和完全依赖自律管理，无法保证消除负外部性效应，故政府的干预非常必要，实行有效规制和监管防范是解决金融市场失灵的关键。拉尔夫·乔治·霍特里（Ralph George Hawtrey）认为，引起经济波动的其他原因是次要的，可以通过货币途径加以控制。中央银行可以管理信用，因而也可以促进经济稳定。就抑制信用不稳定以及因之而产生的经济不稳定，提出了若干补救方案，如中央银行的公开市场业务、变动再贴现率等。约翰·梅纳德·凯恩斯（John Maynard Keynes）指出，经济周期的主要原因是资本边际效率的循环变动。"一个典型的危机，其原因往往不是利率上涨，而是资本边际效率的突然崩溃。危机产生不只是投资过度的问题，而是从事投资的环境不稳定，因此，必须引入政府的宏观调控以弥补经济的市场失灵。"在金融领域，这种政府干预表现为政府对金融活动的监管。在此基础上，加尔布雷思（JohnK Galbmith）进一步指出，自由放任政策已不合时宜，管制和调节是当前这个时代的迫切需要。2008 年金融危机过后，美国对其金融监管进行改革，要求对金融机构维持重要的流动性缓冲，加强对金融机构的信用风险分析和管理，赋予金融机构董事会以权利，在特殊情况下为了公众的利益，可以暂停金融产品的赎回。并且，提出对于系统重要性金融机构的资本要求应与克服这种巨大的负面外部性相匹配，在经济景气时，也应当持有足够的高质量资本，以保证在经济危难时其资本高于审慎的最低资本要求。

3. 信息不对称的金融监管理论

金融体系的正常运转和功能实现是建立在市场有效性和信息完备假设之上的，但现实中信息往往无法穷尽。金融市场的信息不对称导致了一系列金融危机的爆发，特别是 1997 年亚洲金融危机后，金融监管理论在信息经济学分析框架下不断取得新进展。

金融产品所具有的特点和性质决定了买卖双方的信息不均衡。一般来说，贷款方并不能完全了解借款方的真实筹资目的、投资项目的收益和风险情况，而资金的借方则完全掌握了这些内部信息，由此在交易之初双方信息结构就已经存在着很大的差异。而且，金融合同的价值取决于购买之后金融服务提供者的行为，如投资者对投资基金的收益有赖于该基金经营管理者的经营，有赖于金融服务提供者的诚信，同样，也为金融服务提供者为追逐自身利益而损害投资者的利益留下了空间。对此，阿克尔洛夫（Akerlof）首先提出了金融市场中的"柠檬市场"问题，具体表现为事前的"逆向选择"和事后的"道德风险"。而且，金融产蒕和服务的提供者在垄断信息的基础上，有可能更加肆无忌惮地进行盘剥和欺诈。

同时，信息不对称性还会产生巨大的系统性风险，如造成的挤兑风险和传染效应。美国堪萨斯州联储银行行长托马斯·霍因（Hoeng，2008）认为，过去二十年的金融发展和创新非但没有解决信息不对称问题，反而使其进一步恶化，这是导致此次美国次贷危机发生的主要原因。另外，金融市场参与者的不完全信息还会导致金融市场较低的交易量和金融市场的不完全竞争，从而导致金融市场的低效率和其他福利的损失，在一些情况下会导致对金融服务需求的减少，在极端情况下可能会导致厌恶风险的消费者一起退出市场，从而导致市场彻底瘫痪。

然而，一般的储户和投资者都难以承担搜集和处理信息的高昂成本。因此，施蒂格勒（Stigler，1961）指出，政府的外部监管能够逐步完善信息的完备程度，降低金融风险、提高金融效率和减少经济损失，认为金融监管是医治信息不对称导致金融体系失效的良药。

（四）"公共产品"与"监管失灵"的金融监管理念

公共产品具有消费的非排他性和非竞争性特征。在信息不对称与不完全竞争、信息费用过高的情况下，任何人都期望他人去监督和检查。例如，银行的众多中小储户由于个人监督的成本要远高于带来的收益，因此"搭便车"的倾向很高。从某种意义上说，金融体系的稳定可被视为一种"公共产品"，金融体系的这一性质，决定了其运行必须有一个无私利的主体对所有机构个体实施限制和监督，以维护金融产品供应的稳定性。

公共产品监管理念认为，政府的监管主要是为了应对市场失灵，维护金融机构与市场的安全、稳定，增强整个经济的配置效率。因此，该理论假设监管服务于社会公众利益，监管者是仁慈的和具有无限知识的法律与政府法规的忠实代理人，通过政府监管的最优设计可以毫无疑问地增进社会福利（Spierings，1990），实现资源配置的帕累托效率。

然而，不幸的是，监管并非总能够很有效地保护公众利益和消费者利益，监管过程也存在着大量的直接成本和社会经济净损失，许多国家的监管实践也证明，监管替代市场机制的效率是较低的。一方面，监管经常扰乱金融机构的效率函数，与监管的其他目标相冲突；另一方面，监管会引起市场信号的扭曲，增加银行倒闭和危机的风险（Dowd，1996；Benstonand Kaufman，1996）。因此，不少学者对市场失败要求行业监管的立论提出了质疑。Wallis Committee(1997)则从监管失灵的角度，指出监管行为存在道德风险，过度监管的成本太高，而且会消除金融企业和用户的自我保护意识，监管应该增强市场约束，增强市场经济"看不见的手"的作用而不是取代它。自此引发了监管失灵的金融监管理念的发展，主要内容有：

1. 政府掠夺理论与监管俘获理论

20 世纪 70 年代以后，越来越多的经济学家开始质疑金融管制的程度问题和政府解决金融体系不完备市场的能力，提出了政府掠夺理论和监管俘获论。

政府掠夺理论认为，政府和政治家并非如人们所想象的那样是社会利益的代表；相反，其具有自己的利益和效用函数，并且与社会利益存在差异。政府之所以要对金融业进行管制，直接的目标不是控制各种市场失灵、保护存款者的利益、防止各种金融风险和传染，以及保证金融体系的健康和资源配置的最优效率等，而是自身收益（政治收益和经济收益）的最大化。佩兹曼（Peltzman，1976）提出政府由许多政党和利益集团组成，金融监管是利益集团通过政治斗争形成的产物，进而从政治经济学的视角重新审视了金融监管产生的原因，认为金融监管是为了满足各既得利益集团的需要。

这些理论开创了金融监管必要性研究的新视角，监管俘获理论在"掠夺论"的基础上，进一步认为管制机构不过是被管制者俘获的猎物或俘虏。按照芝加哥学派波斯纳（Posner）的总结，管制的俘获理论实际上包含的范围十分广泛，如大企业或大资本家控制了资本主义制度；管制是资本主义制度的一部分；大企业或大资本家控制着管制等。伯恩斯坦（Bem-stein）认为管制措施在实施之初，一般还是有效的，随着时间的推移，当被管制的行业"变得对立法和行政的程序极其熟悉时"，情况就发生了变化，管制机构会逐渐被它所管制的行业控制和主导，被管制对象利用以给自己带来更高的收益。因此一般说来，"管制机构的生命循环开始于有力地保护消费者，而终止于僵化地保护生产者"。

2. 管制供求理论

施蒂格勒（Stigler）秉承了上述理论的核心观点，在金融监管是为了满足各既得利益集团的需要，而并非公共利益的需要的基础上运用供求规律阐释了金融监管的效率问题，形成了管制供求理论。

在需求方面，施蒂格勒认为，影响一个产业对政府监管需求的主要因素是监管可以提供多种利益，包括直接货币补贴、控制新竞争者进入、干预替代品和补充品的生产、实行固定价格等。就金融业而言，主要有市场准入管制、对业务活动限制、利率上限规定以及禁止对活期存款支付利息的规定等。

在供给方面，施蒂格勒指出，政府实际上是由一些有着自己利益的人组成的特殊集体，在民主政治的决策过程中，"谋求政治权力的产业必须去找合适的卖主，那就是政党"。政党在决定是否支持某项监管活动时，往往首先考虑这一行动是否有助于自己当选或再次当选。因此，需求管制的产业"必须支付两项政党所需要的东西：选票和资源"。正如经济学家佩茨曼所说，这基本上像是一种政治拍卖，报价最高者得到权力，向其他每一个人的财富征税。同时，波斯纳还认为监管在给被监管者带来一定的好处的同时，也增加了他们的成本。

最后究竟是否采取某种管制政策，管制的范围有多大、程度有多深，完全取决于上述需求与供给两方面的互动。但显然，有着最高有效需求的集团往往是生产者集团。因为，按照施蒂格勒的说法，存在着某种利益集团规模的收益递减法则，集团规模越大，则需付出的信息成本、组织成本以及克服免费"搭便车"等使用政治过程的成本也就越大。管制也许正是一个产业所积极寻求的东西，它通常是该产业自己争取来的，其设计和实施主要是为受管制产业利益服务的，还认为管制中不过是财富在不同利益集团之间的转移而已。

3. 监管寻租理论

克鲁格（Krueger）首先将寻租理论。引入金融监管领域中，提出了监管寻租理论，并认为监管寻租即为那种利用资源通过政治过程获得特许权，从而损害他人利益，使自己获得大于租金收益的行为。

金融监管中同样存在寻租现象，影响金融监管的公平与效率，如寻求政府干预阻止潜在的竞争者进入市场，以维护独家垄断地位；设法诱使政府给予特殊政策对它们"优先照顾"，通过税收和补贴等办法，使社会的既得经济利益在企业间重新分配，让这部分企业享受其他企业的"输血"等。麦克切斯尼（McChesney）提出政府管制加剧了市场中的寻租机会，产生了政府及其代理人的"租金创造"和"抽租"，使市场竞争更加不完全和不公平。

所以，越是金融管制广泛的国家，寻租问题越普遍。在管制者获得利益的同时，降低了金融效率。因此，提高金融效率的直接、普遍、有效途径是放松金融管制，削弱金融管制中的金融寻租土壤。

在"公共产品"和"监管失灵"理论之后，瑞德（Reid）又进而提出了"社会选择理论"。该理论首次从动态发展角度分析了金融监管的选择与确立。他认为金融监管的发展历程是："为社会公众利益初建监管机构——管制当局被动地反映被管制集团的种种利益——管制机构取得自我控制和独立性"。他还认为，管制具有很强的自我实现性，但这种自我实现只有在监管发展到一定程度后才会出现。因此，应尽早让金融监管机构获得自我控制与较强的独立性。

（五）法律不完备的金融监管理念

在 20 世纪 60 年代以来的芝加哥学派看来，如果法制健全并能很好地执行，那就根本不需要监管。在法院中立的条件下，只要能够设计出好的法律，由法庭执法就是最优的制度，根本不需要任何其他机构行使监管的职能（Becker，1968）。此后，施蒂格勒（Stigler，1971）进一步引申了贝克尔（Becker）的理论，最终形成了贝克尔——施蒂格勒模型。该模型的基本推断是：除法庭以外的执法体制与效率不相关。

然而，现实中，即使最有法治传统的国家也存在着与法院并行的其他执法形式，最合理的推论就是在现实中满足贝克尔——施蒂格勒模型的一些基本条件被违反了。如美国经济学家施莱弗等人（2001）认为，由于执法搜寻证据的成本存在及法庭的中立性，使得法庭无法花高代价来执法，引入监管者可以提供执法中的激励，其行为的不足与过度都可由法庭裁决，这对监管提出了新的解释。例如，转轨以来捷克和波兰的证券市场之所以有重大的差异，就在于波兰的证券市场有监管者在执法，而捷克仅依赖法庭执法。波斯纳（Posner，1998）则从效率的角度讨论了在事后诉讼与监管之间进行选择的问题。他强调，诉讼的固定成本是监管的一个重要理论依据；科勒（Keeler，1984）同样主张，在市场合约不能有效执行时，人们往往会通过法院裁判的方式来解决，引入监管就是为了解决合约失灵的问题。

卡塔琳娜·皮斯托（Katharina Pistor）和许成钢（2002）从哈佛大学哈特（Hart，1990）的"不完备合约"引申出"法律的不完备"理论。他们认为，既然法律通常被设计为要长期适用于大量的对象，并且要涵盖大量迥然不同的案件，那么它必然是不完备的。依赖法庭执法的法律之所以没有对金融舞弊产生有效的阻吓，是因为法律的阻吓作用因其内在的不完备性被削弱；由于法律的不完备性，要想使法律设计达到最优是不可能的。引入监管机构以主动方式执法可以改进法律效果，弥补法律的不完备。法律的不完备性对立法和执法制度的设计有深刻的影响。由于法律不完备，剩余立法权，及执法权在不同机构之间的分配会影响执法的有效性，这就引出了在立法者、法庭和监管者三者之间进行立法及执法权分配的权衡问题。他们的理论认为，剩余立法权及执法权的最优分配取决于法律不完备性的程度及性质，对导致损害的行为进行标准化的能力以及此种行为产生的预期损害和外部性的大小。在高度不完备的法律下，如果损害行为能加以标准化，并且该行为继续下去会产生大量的外部性，此时监管者优于法庭。他们的研究揭示了金融监管是为了解决高度不完备法律下司法机构执法效率低下这一问题而出现的。

在金融领域中，某些法律有可能比其他领域的法律更不完备。环境及信息因素会影响法律的相对不完备性。金融领域受社会、经济及技术的快速变革影响甚大。随着技术的发展，新的金融衍生工具创新层出不穷，这样的变革会不断挑战那些为解决"老"问题而设计的监管方案，因此，如果法律还想维持有效性就需要频繁修改。法律也可能由于有意设计而具有不完备性。立法者可以决定将法律设计得或多或少不太完备，而且考虑到现有的执法制度及其有效性，他们常常会这样做。由于立法者知晓法庭会介入并且填补法律留下的空白，他们会起草宽泛、开放性的而非详细的条款。这就势必产生剩余立法权，而剩余立法权可由立法者保留，也可授予法庭或监管者。事实上，实践中的监管如此重要，除了法律不完备外，另一个重要因素是监管与法庭的执法方式不同，后者被设计成被动执法者，只有在侵害行为发生之后进行起诉，法庭才能开始行动。另外，法庭本身不能发起调查，因为这会削弱其中立性和公正性。相反，监管者却可以主动执法。他们主动监督各种行为，开展调查，禁止或惩罚损害行为。当然，金融监管者主动式执法的产生在很大程度上仍是由于法律不完备，以至于大量"负外部性"被动式执法无效。

监管与法律之间到底是怎样的关系？有理论指出，它们之间是可以相互替代的；也有研究认为，它们之间的关系是相互竞争的，但也有可能是互补的。尽管芝加哥学派及科斯定理的追随者们都特别强调法院的作用，并充分相信自由市场的自发秩序与法院的公正性，但很多研究都表明，世界各国的法院更多地表现出效率低下、受政治势力左右，甚至腐败（Johnson，McMillanand Woodruff，2002：Djankov，2003）等。也许被忽略的是这样一个事实：从委托—代理关系上，无论是法官还是监管者都是政府（或说人民大众）的代理人，都要受到政治影响、激励和条件的制约，其在本质上是相同的；如果说有不同，那也仅仅表现在事前与事后、主动执法与被动执法之间的成本效率的不同。这构成了有关法律与监管之间是互补还是替代关系研究的核心问题。

三、传统金融监管理念表现出的主要特征

（一）传统金融监管理念围绕"有效监管"的主题辩证展开

纵观传统金融理论的众多解释与演变，我们能发现，无论是放松监管还是加强监管，无论是"市场失灵"还是"政府失灵"，也无论是"保护金融投资者与消费者"还是"维护金融市场的稳定性"，这些监管理论都是在"保障金融的社会、经济功能"的前提条件下，围绕着"实现金融监管的有效性"而展开的。

从金融的"功能观"来看，金融在经济发展中起到了稳定、持续的促进作用，实现资源跨时间、跨地域的最优配置作用。金融有四个方面的职能，分别是便利交易、投资组合管理、期限错配和信息不对称转换（信用担保）。在这四项职能中，风险转换和信息不对称转换（信用担保）这两项功能具有较大的负外部性，会对社会经济运行形成严重危害，导致市场失灵。具体而言，期限错配是指金融机构在进行资产期限转换、资产特性转换过程中，将不同风险性质的资金进行配比安排，使得融资过程在不同类型的需求和供给之间能顺利完成，但正如上文所述，期限错配会带来流动性风险。而信息不对称转换，是指金融机构以其专业优势和规模优势，并以其金融机构的信用对金融合约的履行进行担保，如此可有效地降低资金供给双方之间的信息不对称，减少金融交易中的道德风险和逆向选择。然而，信息不对称并没有因此消失，而是被转移到了客户与银行等金融机构之间。这两项功能涉及资金期限的转化以及对这类转换的进一步安排和处理，当存款人对银行失去信心时，银行就面临挤兑和倒闭的危险，并很可能引发系统性金融危机。银行经营活动的这种特殊性，使人们认识到必须对其进行干预，来保证金融体系得以稳定地承担社会功能。然而，监管失灵理论又站在了集团利益的视角上，揭示出监管机构的金融监管更多的是为了追求自身利益的最大化，金融监管常常导致金融市场的低效率，甚至有碍金融体系社会职能的承担。

因此，金融监管理念的形成与发展，其宗旨就是为了寻找一种真正能够保障金融体系发展的有效监管模式。而且，不同时期的金融监管理念并非一成不变，它会随着不断变化的社会经济环境而相应改变，否则，要么以延迟金融机构和金融体系的发展为代价，要么以牺牲金融稳定为成本。同时，也可从深层次看出，金融监管论发展的滞后和制度设计的不合时宜，以至于阻碍了金融机构和金融体系向更高级阶段的发展，将会迫使金融机构

进行金融创新，进而导致金融危机的爆发。因此，从这个意义上说，金融监管的发展与现实经济发展密切相关，"放松"与"强化"只是金融监管为了维持其有效性，在不同阶段表现出的不同形式，二者的交替变迁推动了金融体系的不断发展。

（二）传统金融监管的目标主要集中在商业银行的监管上

在金融业承担社会功能的过程中，会产生金融市场发生系统危机或崩溃的可能性。系统危机或崩溃常常是由个别金融机构或环节的问题蔓延开来，最终使整个体系的运作遭到破坏，进而给实体经济部门造成灾难。历史上，在各类金融中介机构中，银行是最基本、最重要、责任最广泛，也是最容易引发金融危机的部门。

古德哈特研究认为，与银行相比，非银行金融中介机构的系统性风险总的来说很小，甚至不存在。即使存在也主要是通过与银行系统的联系发挥作用的。因此，从系统风险角度没有太大的必要对非银行金融中介机构采取专门的监管措施，当然从保护投资者和金融消费者的角度来说，对信息不对称加以监管仍然是十分必要的。

20世纪七八十年代，由于各国对银行利率上限管制的存在，银行对资金的吸引力下降，无力与其他金融机构竞争，资金从银行流向更高收益的资本市场投资，出现了所谓的"脱媒"现象，银行在金融机构中的特殊地位受到挑战。但是，随着银行管制的放松，使非银行机构得以从事银行的传统业务，银行的存贷款业务受到侵蚀。更为严重的是，"脱媒"现象消失了，从表面上看，银行似乎不再具有"特殊性"。但艾迪·乔治对此进行了专门分析，并认为银行虽然在某些方面比过去缺少特殊性，但它们仍然是特殊的。银行的特殊性在于其独特的职能，它是支付系统的核心机构，是经济中随时可支用的、最具流动性的资金贮藏机构，是向大部分经济实体提供间接融资的主要来源，还是向资本市场交易的金融产品提供基础资产的机构（例如住房抵押贷款证券化产品，MBS）。

北京大学刘宇飞教授对国际金融市场的系统风险进行考察后，认为券商与银行的显著区别表现在：①券商不像银行那样受制于资产与负债的不对称；②券商不像银行那样将客户的资金与自有资本混用，券商的客户有自己的独立账户，即使券商倒闭一般不会造成其客户的损失；③券商不像银行那样提供债务性契约，承诺一定的收益率，相应地，如果券商面临倒闭，其客户不可能因排在要求挽回损失队伍的第一名而得到额外的收益；④券商的资产组合容易市场化，当面临倒闭时，其资产很容易评估和转让；⑤券商不像银行那样有官方安全网，容易发生道德风险；⑥在许多国家，券商不像美国等发达国家的券商那样大，其倒闭对经济的破坏性影响也就更小，所以"国际证券市场的系统性风险虽然存在，但并不显著，更是较少有可能发展到危及实物经济部门的地步"。有鉴于此，在金融监管的传统理念中，银行的脆弱性决定了金融体系的脆弱性，因此，银行监管一直都处于核心地位。

（三）传统金融监管理念大都在危机爆发后形成，起源具有"后发性"

美联储主席格林斯潘曾形象地说："监管机构和规则之所以存在，根本来讲，是因为历史经验。这种历史经验源于金融市场混乱和银行缺陷，尤其是这些混乱和缺陷迅速蔓延对真实经济可能造成的影响。"金融监管法规通常不是自发形成，相反，它们是萧条和丑闻的孩子，在繁荣时期则成为孤儿。而一个时期的金融监管制度，是该时期金融监管理念的集中体现，因此，传统金融监管理念的诞生从起源上来说，往往具有"后发性"。

美国金融监管的发展史，正好印证了上述命题。自 19 世纪以来，华尔街一次次在金融危机中历经浩劫，又浴火重生，大萧条的余波促使美国证券交易委员会成立和现代联邦证券监管框架形成。安然和世通公司的丑闻成为《萨班斯—奥克斯利法案》的催化剂。金融危机埋下了多德—弗兰克华尔街改革和《消费者保护法案》（Dodd-Frank 法案）的种子。其中不仅有自由市场的纠错功能，还有政府强有力的规制与干预。而在危机后形成的重新思考和对金融监管理念的调整，都能以制度创新的方式，以法律、法规的形式规定下来并一一付诸实施。

美国法学家弗里德曼（Wolfgang Friedman，1972）曾提出，相对于社会变迁而言，制度既是反应装置又是推动装置，在这两种功能中："一方面，制度可以详尽地、缓慢地对不可抵抗的社会习惯、观点的潮流做出反应。……另一方面，当面临一个了无生气的政府和议会，或者一个无所事事的公共舆论时，坚决的、有勇气的个人和小型团体可能会发动和追求制度变革。从制度变迁理论的角度来看，由于利益集团的存在和制度惯性产生的路径依赖，既有的制度有着强烈的自我强化功能。然而，危机是社会演进过程的中断，它突出表现为社会生活的集体性的、大规模的紊乱失序。这种失序状态会刺激对秩序恢复和制度重建的需求，从而客观上促进正式制度与非正式制度变迁。正因如此，危机在制度变迁的过程中具有"核心的重要性"。

这一观点也可放在金融危机与金融监管理念及监管制度的相互作用上。金融监管理念对一次次金融危机的反思与回顾，在教训中进行完善和变革，并导致了金融监管的制度创新，因此，金融危机成为制度演进过程中的"关键节点"。金融危机对金融监管的变革体现在如下方面：①金融危机的强破坏性本身就是对旧监管理念和制度的消解，它直接具有颠覆旧理论、清理旧制度的效果。金融危机削弱了当时金融监管理论的权威，证成了变革的正当性。在金融危机中，人们迫切期望某种根本的变化或新的秩序。因此，金融危机为新制度的诞生大大节省了成本；②危机的紧迫性和不确定性降低了制度规划设计的成本。金融危机解放了原有监管思想的束缚，为理论创新和制度创新造就了一种相对宽松的环境。对于理念的提出者（如凯恩斯）和制度的行动者来说，都保留了一定的试错空间。美国大萧条之后，政府干预金融市场的监管理念就正式确立，这也是金融监管法的源头，美国法学家弗里德曼就宣称："从某方面来说，现代的法律和社会是从新政时期开始的。"

（四）传统金融监管理念的核心在于以"强干预"的方式消除"信息不对称"

信息经济学对金融监管理念形成和发展的重要影响，上文已经多次提及。但在此处，笔者想要再次强调，信息经济学上把具有信息优势一方的参与者称为"代理人"（agent），而另一方不具有信息优势的参与者为"委托人"（principal），传统金融监管理念的着眼点与核心思想，就是为了消除代理人和委托人之间的信息差异。但在不同的委托代理关系中，代理人和委托人的角色是完全不同的。

首先，在金融脆弱性监管理念和市场失灵监管理念下，委托人是储户、投资者和金融消费者，即资金供给方，而代理人则是以银行为主的金融机构及其他资金需求方。由于存在信息不完全下集体行动的利益冲突，一方面，集体行动者的效用函数可能不一致，他们各自追求自身效用的最大化，并且他们各自的行为会影响到其他人的利益；另一方面，集体行动者之间往往存在信息不完全。因此，任何风险一旦出现，都有可能导致储户或投资者对银行等金融机构的挤兑，并造成导致系统性金融危机。

其次，存款者与监管者之间也存在着委托代理问题。在政府掠夺理论及监管俘获理论中，我们能清晰地看到，无论是存款者还是普通的公众，总是希望他们选举出来的代理人——政府，能保证金融体系稳定和维持市场健康运行，同时将危机出现后诊断、救治市场的希望也寄托于政府，并依此赋予政府较大的经济干预权力。但实际上，政府并非全知全能，而且监管当局的目标有可能将偏离存款人福利最大化的目标，转而追求自己利益及信誉的最大化。甚至出现了政府对金融市场的干预范围越广、深度越深，对市场造成消极影响的风险性越高的情况。因此，对于监管什么、如何监管、监管到什么程度等问题，出现了严重的信息不对称。

最后，作为监管者的政府部门和被监管的银行之间同样存在信息不对称。特别是在"强干预"和控制型的监管体系下，总会激励被监管者去摆脱这些监管制度的约束，即出现金融创新和监管套利。银行从事创新的动机在于对高额利润的追求，而这与监管者和银行之间的信息不对称密切相关。同样，也是因为监管者和被监管者之间信息不对称及过高的监管成本，使得金融创新得以周而复始、持续进行，甚至在业界成为常态。实践中，金融机构的金融创新行为大部分情况下都是为了监管套利，而这些基本都属于监管制度盲区内的正常业务活动，这些灰色领域的套利行为并不触及监管"红线"，并掩盖在复杂多样的正常经营和交易活动之中，因而要获取、吸收和甄别这些真实信息，则存在很大难度且需要更高的监管成本。

因此，信息不对称以及由此形成的市场缺陷，决定了金融监管的存在，也是监管理论的逻辑前提。

第二节　互联网金融对传统金融监管理念提出的挑战

20世纪80年代以后，随着计算机和网络信息技术在金融中的广泛运用，金融市场呈现出日新月异的大发展，特别是"大数据"等高新技术的诞生，改变了金融业的经营理念，使得金融业的操作、经营及管理模式都产生了深远的革命。更为重要的是，如前所述，在互联网背景下，新金融的风险表现出了极大的特殊性。在这样的趋势下，传统金融监管已经很难完全直接适用于新金融的有效监管，这一冲击首先就表现在传统金融理念的不适应性上。

一、在互联网背景下，"经济人假设"的理论基础受到冲击

在市场有效的理想情景下，市场参与者是理性的。在个人投资者方面，金融监管者长期以来信奉着新古典经济学的经典假设，即投资者都是理性人，并从事着价值投资和长期投资。因此，对这一假设下的理性投资者的保护就变得十分简单了，只要为他们提供必要且充分的信息，他们就能对这些信息进行完美的分析和处理，并据此做出效率最大化的决策。所以，透明度和信息披露就成为金融监管一直以来坚持不懈的目标

然而，这种理论越来越受到行为金融学和信息传播学的质疑。2008 年金融危机再一次提醒我们要仔细审视互联网对危机的助推作用，网络不仅仅传播信息，同时也会加剧所谓"思想蔓延"，也就是说，在互联网的助推下，及时获取信息和网络流言，人类的欲望膨胀和制造恐慌的速度被提高到前所未有的水平。虽然我们无法准确衡量互联网的影响，但可以确信的是，网络扩大了个体非理性与市场非理性的规模，使其影响更加广泛、杀伤力更强。

（一）行为金融学对"经济人假设"的挑战

行为金融学的研究发现实际上个人投资者并不是完全理性的，研究者们引入心理学对认知和偏好的研究，大量的实证表明，投资者常常存在着认知的扭曲，如过度自信或现状偏见等，都能影响他们处理信息的准确性。从这一方面说，个体行为不一定满足经济人假设。

在个体行为非理性的情况下，市场也并非是有效的。金德尔伯格（2000）将整个金融危机的过程分为疯狂、恐惧和崩溃三个阶段，形象刻画了投资者心理跌宕起伏的历程。有研究表明，繁荣情绪的社会传染，是金融泡沫越吹越大和风险积聚的关键因素，资产价格上涨的观点会被大众传媒不断放大，紧接着乐观的看法和繁荣的情绪会成螺旋式上升并在市场上蔓延。而当风险出现的时候，心理的恐慌和信心的崩溃导致危机扩散。随着危机的爆发，投资者和金融消费者对金融市场和金融机构的信心会一落千丈，加剧了市场上的抛售行为和流动性兑付压力。索罗斯认为，只要人性贪婪和恐惧的弱点不消除，系统性风险就无法避免。

行为金融学对金融监管的启示是，新古典经济学的假设和结论不完全符合事实，自由放任的金融监管理念应被修正。在本次金融危机之后，越来越多的监管者和研究者都意识到，投资者保护套用理性人的假设是错误的。随着信息科技的快速发展，计算机技术和信息科技使得如今投资者的能力有了空前的提升，同样，信心和恐慌的传染必将变得极为迅速，最终造成多个市场大面积的信心崩溃。信心的丧失最终演绎成典型的系统性危机"自我实现预言"。此外，系统性风险的扩散中存在独特的"合成谬误"问题。

（二）信息传播学对"经济人假设"的挑战

互联网金融的传播，很大程度上取决于情感（认同感）的传播。根据信息传播理论，传播分为三个层次：信息、逻辑、情感。信息是难以被记住的，其牵动的是大脑的记忆模块，也是最肤浅的。逻辑是可以被记住和消化的，但大部分时间是潜藏的，其牵动的是大脑的思维模块，是相对深入的。情感（认同感）是不会被忘记的，随时左右人的选择和情绪，其牵动的是心。

互联网金融具有互联网的独特属性，在信息传播上也是如此，互联网络离不开"黏性用户"，而这些黏性用户在很大程度上来说，除了使用习惯和需求得到了极大的满足外，互联网的即时与便捷能让所有参与者能听得见、说得出，在心理上也给予用户极高的认同感与归宿感，形成了我们常说的"虚拟社区"。我们可以在 Yahoo! 留言板上看到对某一只股票的影响，也可以看到 WELL 所带来的社群意识。WELL 创立于 1985 年，是当时世界上的首批虚拟社区之一。尽管 WELL 社区的人数从未增加，但是其影响力可谓非同凡响。网民在社区里讨论各种话题，从严肃的政治话题到琐碎的生活小事，不一而足。在互联网尚未成熟的几年间，WELL 社区的很多成员尽管从未谋面，但却能够同欢共喜，同悲共哀。如今，各个年龄段的投资者都能在网上互相交流、相互安抚，使互联网成为一个创造归属感的绝佳媒介，成为一个互帮互助、传播思想的理想媒介。

如果说互联网为恐慌的传播提供了一个渠道，那么各种网站及社区就为这种危险思想的传播提供了以最小的成本覆盖很大的网络群体的可能，没有哪个媒体能像互联网这样如此迅速地加剧风险的蔓延。

此外，随着大数据和人工智能技术逐步成为新金融的核心，今后的投资者完全可以被认为是一个人与计算机的结合体。新投资者比以往的投资者都更快、更智能、更全球化、更少的非理性，监管应据此在思想层面上首先做出相应的调节。

二、在互联网背景下，"市场失灵"的结构发生了变化

根据西方微观经济学的公共利益说，市场失灵有三个方面的原因，即自然垄断、外部性和信息不对称。根据互联网背景下金融的基本特征，互联网金融不会因为通过因特网提供服务而改变了其作为金融中介的性质，互联网金融仍然具备传统金融服务的各种功能。因此，从理论上分析，只要市场仍然存在，这三个方面的因素就不会消失。但互联网金融并不只是传统金融向网络的简单转移，由于信息技术的应用，互联网金融具备了自身特点，这些特征的存在必将对市场失灵的原因产生影响。

（一）市场主体间的"信息不对称"减弱

如前所述，传统金融监管理论的核心基础是信息不对称，金融交易双方信息的差异远高于一般商品交易，这是金融业成为备受管制的行业的主要原因，但对于网络金融而言，

信息差异作为监管理论的基础不再成立。

众所周知，网络信息技术的迅猛发展形成了一场信息革命。所谓"革命"不仅是指信息对人类社会的发展日益重要，信息本身的传播与分布也发生了根本性的变化。网络时代，信息的传播速度极快，无论在多么遥远和偏僻的地方，只要能连接上网，就可以将世界信息瞬间尽收眼底；信息传播的范围极广，互联网的开放性使信息成为一种带有正外部性的公共产品，任何人都可以使用这一网络为满足其特有的信息需要。信息传播具有平等性，每个人在获得信息的手段方面、信息量的方面地位平等；信息生成具有无限性，在互联网上消费信息的同时，不仅不会使原有信息减少，反而会产生出新的信息，信息积累是无限的。

今天，信息生成、传播、扩散等属性的变化，已经使人们完全有理由预测未来的信息变化：

1. 当网络越来越成为人们生活必不可少的组成部分时，人们生产、生活的一切信息都可以通过网络进行管理和传播。即使诸如生活习惯、秉性偏好等过去完全私有的信息，也可以通过对个人其他活动的概率分析推断出来。比如，可以从一个人购买彩票、参加探险性体育活动的多寡、阅读文章的类型等信息中，推断出其个人的风险偏好。

2. 信息化的另个特点是大量专业化、智能化软件的不断发展，只要有适宜的软件和设备，在网络上每个人都可以完成过去只有专业机构才能完成的工作。相关信息的收集、跟踪、分析甚至对风险分布的判断，都可以通过智能的软件完成。随着信息透明度的逐步提高，监管机构并不一定比一般商业机构和投资者更具信息优势。

私有信息的大大减少，意味着金融交易信息不对称的状况会有明显改善，"市场摩擦"大大减小。在信息的数量和质量大幅提高的情况下，要将金融交易的信息差异程度减小到与一般商品交易相当的水平，并非不可能。监管当局如果再以市场缺陷，信息不对称为依据进行金融风险的监管，显然是不合时宜的。因此，金融监管当局必须在监管的目的和依据方面取得理论上的突破，才能更好地监管，这给监管当局带来了很大的挑战。

（二）防范操作性风险带来的负外部性将成为金融监管的主要矛盾

从上文对金融监管产生的原因来看，在外部性方面，互联网金融与传统金融相比，所面临的风险在本质上几乎没有区别，只是外部性来源方面更多的是由操作性风险所致，并且，高度发达的互联网技术所具有的快速远程处理功能，也加快了负外部性积聚的过程和程度，甚至会导致系统性风险的积聚和爆发。

操作风险作为主要金融风险之一，在金融系统中无处不在，随着互联网金融的不断发展，其隐含的风险也逐渐增多。互联网金融的正常经营依赖于各种技术、网络稳定而连续的运行，但没有一种技术能确保万无一失。当网络运行出现故障、信息收集分析模式出现偏差或软件设计存在缺陷时，金融交易双方就会面临损失的风险，并且风险扩散的范围十分广泛。今天，即使全球金融交易网络系统发生1秒钟的故障，造成的损失也是难以想象的。因此，倘若不能化解潜在的不稳定性，操作风险很可能成为一场金融危机爆发的导火索。

虚拟网络无边界和实时传递的特征，将加大互联网金融的运行风险，外部监测难度加大，金融体系将变得更加脆弱。具体来说，有如下几点：

第一，高科技的网络技术所具有的快速远程处理功能，虽然为便捷、快速的金融服务和产品提供了强大的技术支持，但也使支付、清算风险的国际性波及速度变快、范围变广。风险的积聚与发生可能就在同一时间内，使预防风险变得困难。在"纸质"结算中，对于出现的偶然性差错或失误，有一定的时间进行纠正。现在，在网络中这种回旋余地大大缩小，错误的扩散面加大，补救成本加大。

第二，网络金融的整个交易过程几乎全部在网上完成，金融交易的"虚拟化"使金融业务失去了时间和地域的限制，交易对象变得难以明确，交易过程更加不透明，导致中央银行难以准确了解金融机构资产负债的实际情况，造成信息不对称，使风险集中、速度加快、风险形式更加多样化。

第三，金融风险交叉"传染"的可能性增加了。原先在国家中可以通过分业、设置市场屏障或特许等方式，将风险隔离在一个个相对独立的领域中，分而化之。但现在这种"物理"隔离的有效性正在大大减弱。在网络金融中，各国金融业务和客户的相互渗入和交叉，使国与国之间的风险相关性正在日益加强。

第四，金融危机的突然爆发性和破坏性加大。一些超级金融集团为实现利益最大化，利用国际金融交易网络平台进行大的国际投资和投机活动，却部分地逃避了各国金融当局的监管，加大了金融危机爆发的突然性。而危机一旦形成，就会迅速波及相关的国家。

可以认为，网络金融将比传统金融面临更大的风险考验。比如，技术选择失误对传统金融机构来说只是导致业务处理速度降低、处理成本增加，而对基于信息技术的网上金融机构来说，失去技术领先性，则可能导致整个市场的丢失，失去生存的基础。再如，信誉风险对传统金融机构来说，可能只是部分客户的流失，但对网上金融机构来说，网上选择的多样性和随意性将使网络机构面临更大挑战。而且，随着互联网技术的不断发展，新的风险还将不断产生。例如，2013年"双十一"当日支付宝成交额达到350亿，为2012年同日的近两倍。与此同时，支付宝推出的余额宝理财产品直接将人们的消费需求和理财需求紧密地联系在一起，而消费需求的一端联系的是实体经济，理财需求一端联系的是金融体系；前者要求的是与消费相匹配的实体产业的升级与发展，后者则要求金融产品的创新和金融品种的丰富。此外，倘若没有良好的防控类似于洗钱、诈骗、人为的误操作和系统漏洞等一系列操作风险的措施，操作风险一旦发生将可能导致影响范围更加广泛的金融和经济危机。

显然，这些因素的存在，使得对互联网金融活动实施必要的干预仍然十分必要。传统的监管理论在互联网金融环境中出现了问题，以信息不对称为基础的理论框架需要调整，网络金融监管正在向以防止操作风险带来的外部性为核心的方向转变。

（三）竞争不完全性将更加突出

一个行业越是信息密集化，就越有可能被新的更为高效的信息获取方式所影响，也越能因此改变运作形式。

以互联网银行为例，在网络上的运行，使其成本降低、经营效益提高，银行的经营利差大大缩小，银行业务经营已不再依赖于传统银行需要靠网点规模和资产规模来盈利，更多的是依靠网络银行业务功能的便捷程度、用户界面的友好程度来赢得客户，提高客户的忠诚度。同时，网络银行自身特征的存在，使得无须在边远地区设置分支机构和地方金融机构成为可能，对于一些小国或独立的经济区，甚至可以不需要建立自己的银行系统；网络银行特征的存在也使得客户选择银行在地理上的局限性完全被打破，消费者和投资者更多地根据银行服务功能的便捷程度和网站的知名度来选择银行。这样，客观上就存在着推动消费者和投资者集中于少数银行的趋势。此外，利差的缩小也迫使银行采取有效手段，兼并或挤垮其他的网络银行。这些特征，使得银行在网络金融时代有自然集中和自然垄断的倾向。

又如，股票交易是另一信息密集化行业，也随互联网而发生了巨大变化。没有互联网，便没有日间操盘手。如今的华尔街，高频交易逐渐占据统治地位，高性能计算机采用的算法每秒可运行几千条指令。那么，输入算法交易的信息当然就来自于互联网。通过互联网，计算机同时在公共市场和私营市场搜集信息，并先于其他投资者，迅速发现市场趋向及不断变化的市场策略。华尔街的大型公司，如高盛集团，有能力支付购置高频交易技术的巨额花销。而其他投资者，由于无法获得此类科技，只得疾呼交易的不公平。但是，在这种以互联网为动力的高速交易环境中，只有高频交易者才能真正意义上符合"适者生存"的法则，他们能从交易中获取巨大利益。

三、在互联网背景下，高传染性导致的系统性风险更难预防

传统金融监管对金融稳定性的界定是指，金融体系中的关键机构能够保持稳定，公众对机构的信心度很高，这些机构在无外界援助或干预下就能履行合同义务；金融市场上不存在一种使经济受到伤害的价格变动，市场参与者在某一价格水平上很有信心地进行交易，这一价格水平能够反映经济基础因素，当基础因素没有变化时价格水平在短期内也不会出现较大波动。因此可以看出，对于系统性金融风险，传统金融监管还局限于经济或价格的传染、波动上，但在互联网时代，金融风险的传染是立体的、多途径的，对此，传统金融监管理论显然并没有充分的准备。

互联网对经济传染、思想传染及电子传染的影响。经济传染广为人知，2008年金融危机就是很好的例证，而经济传染总是与思想传染相伴而生，比如过度贪婪哄抬市场价格、恐慌情绪带来价格暴跌。互联网在很多传染过程中都扮演着重要的角色。海量的博客为网络用户传播观点、招募成员和影响股票价格提供了低成本的手段。总之，在思想传染中，

心理因素占据了重要的地位。

电子传染则是一种全然不同的事物。因为电脑病毒、蠕虫病毒及其他形式的电子灾难都在互联网上传播，所以它们在传播过程中不需要任何身体接触。病毒指令可以查阅你的电脑，入侵电子邮件联系人列表，神不知鬼不觉地给他们逐一发送邮件，一台电脑上的病毒可以感染远在世界另一头的陌生人的电脑。在全球金融市场中，标准化的协议或软件可以使互联网在金融机构和金融个人投资者间稳定运行，在这种稳定的环境中，恶意行为将严重危害社会和世界上的重要体系，带来巨大的经济损失。正是由于这种标准化，恐怖分子和犯罪分子才有机可乘，他们可以编写恶意软件，并以较低的成本在世界上散播，从而给社会带来巨大破坏。恶意程序一经精心设计，其攻击力便足以使金融体系崩溃。说起网络战争，透过近期发生的一系列事件来看，此类担忧不无道理。2007 年初，俄罗斯策划了一起网络恐怖行动，对欧洲网络最为发达的国家之一爱沙尼亚进行了长达 1 个月的数字攻击。受此影响，爱沙尼亚政府通信系统崩溃，银行系统四面楚歌，自动取款机全面瘫痪，经济一度陷入低迷。

四、在互联网背景下，"卡特里娜效应"对金融监管理念起源的挑战

在起源上，金融监管法律往往诞生于上一次的金融危机，并严重落后于同一时期金融市场的有效监管。新的金融产品和问题往往缺乏优质的法律指引和救济。在有些情况下，缓慢的规则制定仅仅是落后于快速的金融创新，而在有些情况下，不合时宜、不匹配及误导性的法规将成为滋生未来金融问题的温床。随着互联网金融的不断创新和发展，法律必须重新审视其起源，从而使其变得更有效。

互联网环境中，创造更多的互联是为了提升安全度，提高整个金融系统的运作效率。在传统的金融监管下，我们往往更关注高概率事件，而对可能诱发毁灭性后果的小概率事件则不太注意，因为我们想当然地认为，只要我们提防，这种事情就不会发生。然而这样的行为则有可能会危及整个系统。有时候，我们降低高概率、小问题发生的同时，也增加了小概率、灾难性事件的发生概率，而且在互联网背景下，变化超速发生，问题的累积速度更快，那些原本不会发生的"黑天鹅"事件，也开始频频出现。这就是所谓的"卡特里娜效应"。从本质上说，卡特里娜效应的原有之意是，针对大问题的小修小补往往会使问题更为严重。尽管短期的补救措施在成本和操作方面具有很大优势，但是这些措施往往容易掩盖本质问题，长以此往，势必带来更为巨大的损失。

金融监管理论的研究宗旨将由单一的"金融危机预防"转向全面的"金融安全维护"。金融监管理论产生之初具有明显的"危机导向性"，相关研究也主要围绕消除金融的市场不确定性以降低金融危机爆发的可能性。然而，这种研究宗旨却在无形中导致了研究结果的滞后与死板，金融监管理论与金融具体实践总是存有很大的差距，因此，金融监管理论

的实践指导意义并不强。进入21世纪，金融全球化的经济背景使得金融风险的传递渠道更加广泛，金融风险的类型与破坏力度也日趋多样与复杂。这种风险累积到一定程度将酿成危机，从而对金融体系造成毁灭性打击，即使风险积累量尚未达到危机爆发程度，也同样会扰乱金融秩序。为此，金融安全的维护已取代金融危机预防，成为全球化时代金融监管的根本任务。相应地，金融监管理论的研究也需要遵循这一时代变迁的要求。

五、政府直接干预的方式已经不能达到有效监管的目的

在互联网金融的参与者及其监管者之间存在着显著的资源不对称。金融机构的利润追求促使其投资于技术和专业技能，但监管者缺乏类似的驱动力，而且通常受制于政治约束。

资源限制可以在技术和专业技能方面的重大事项上直接影响监管者。在技术方面，业内人士投资数百万美元于互联网金融的核心领域，而监管部门缺乏同等的资源投入以保持同步的技术。比如，尽管金融业迈向技术的新领域，但在2013年，美国的一些联邦政府部门仍然使用软盘向联邦登记机关提交信息。在专业技能方面，私人的互联网金融参与者能赚数百万美元，并继续深化自己的专业技能。而政府监管者通常获得很小部分收入，且提升自己专业技能的机会很少。经济回报方面的巨大差异使得监管机构难以吸引和保留人才。鉴于互联网金融背后的技术支撑和复杂性，有效的监管要求监管者具备充足的技能和金融知识去理解他们试图监管的行业。

此外，被监管者还对游说政策制定者有显著影响力，但监管机构缺乏类似的影响。此种影响的危害之处在于，监管机构被金融行业"俘获"。金融危机之前，部分归因于行业的游说，信用违约掉期和对冲基金很大程度上不受既存规则的监管。金融危机之后，行业游说者仍然处于辅助起草金融改革法规和规章的前列。

由于监管者和被监管者之间的资源差距，对监管者而言，有效监管金融行业的参与者具有巨大的挑战性。最终的结果是，大部分市场未受监管或只受理论上的监管。由于互联网金融的不断推进，政策制定者必须研究如何通过新的资金来源和金融监管的新模式来缩小监管者与被监管者之间的资源差距。

第三节　互联网背景下金融监管理念的完善

一、在互联网背景下，系统性金融风险监管的新理论架构与基础

（一）"过度互联"理论

互联网对相互联系的巨大影响似乎产生于弹指一挥间，速度之快令人难以控制。后工

业化时代网络和互联性的运作机制，当那些互联性达到一定的阈值时，即可以简单称为"过度互联"时系统就难以进行自我调整。

普林斯顿数学家尤金·维格纳（Eugene Wigner）于 1958 年发表的文章中提到，过度互联的环境显得非常不稳定，不但很容易出现迅速的变化，而且也容易发生事故。维格纳在文章中指出，在一定的条件下，那些巨大而互联的物质体系总是不稳定的。随着系统规模的膨胀，相互联系不断加强，不稳定因素出现的概率也随之增加。维格纳所用的公式与经济学家用来分析经济体系的等式非常相似。而与维格纳论文相辅相成的是 1970 年英国控制论学家威廉·罗斯·阿什贝 (William Ross Ashby）所写的一篇文章，他指出所有庞大复杂的动态系统在达到一个临界互联水平前，都会显示出稳定的特性；之后，随着互联性的增长，系统会突然失去稳定性。正如将临界质量的铀聚集于原子弹中产生爆炸一样。

互联性的迅速增长会引发两种后果。其一，它能以极快的速度驱动变革，正如威廉·奥格本在定义"文化滞差"这一术语时所述："文化中与环境相协调的某一元素发生变化，而环境无法与这一变化保持同步。"因互联性的增长而产生的技术变革具有创造新系统的潜能，而环境（包括制度、文化）常常没能力容纳这些新系统，这种环境与技术变革的脱节就意味着过度互联会导致巨大的"文化滞差"。其二，我们周围的环境由那些和我们相联系的事务所组成，因此，如果互联程度的大幅提高突然改变了那些与我们相联系的事务，我们的系统就会经历迅猛的环境变化。如果这一系统并不特别灵敏，则该系统无法与环境的改变保持一致，其结果是巨大的文化滞差将再次出现。

互联网技术的运用，给金融机构及其他非金融机构提供了高度的互联的环境，使得它们能够用与众不同的方式开展业务，如大数据金融等，这些超出监管环境的范围，最终失去控制。如果很多金融机构都这么做，经济就会陷入过度互联的状态，从而催生混乱。有时，过度互联是剧烈的内部变化和外部变化共同作用的结果。

（二）"正反馈"理论

从现代信息工程的相关理论来解读反馈作用，和经济学中的"正负外部性"不同，这里的"正反馈"，是指一种变化推动和加强另一种变化的作用，而非结果是"正面"的。具体来说，无论是正反馈还是负反馈，都是通过一个循环回路实现的，如信号从源头 A 传向 B，再从 B 传向 A。反馈回路也可以更长，比如从 A 到 B，从 B 到 C，从 C 到 A，如此无限循环下去。回路越长，则联系越强；回路越多，则出现强烈正反馈的概率越大。只要有回路的存在，信息或其他刺激源就可以沿回路循环并对刺激源的发生者产生作用。例如，金融中的杠杆和证券化。

而信息工程理论中所谓的负反馈并不是指消极的意义，而是指平衡稳定。负反馈可以放缓甚至抵消变化，从而保持环境的平衡。比如空调就是一个负反馈的例子，如果室内温度过低，则系统失去平衡，温度计就会发出"温度过低"的信号，供暖设备就会开启。如此，通过控制温度的升降就可以将室内温度保持在一个适宜的水平内。

传统的市场体系也会利用负反馈来平衡供求关系。如果某种商品供不应求，市场就会失去平衡，价格体系便会产生负反馈，从而提升价格。而价格的上调作为一个信号，会提醒生产者扩大生产规模。一旦生产供过于求，价格就会下跌，促进生产者缩减生产量。金融体系也一样，通过利率的变化，以保证资金的供需关系平衡。

而正反馈则不一样，它不会让环境重回平衡状态；相反，正反馈会加强和放大变化，加速整个变化过程的发生。一旦出现正反馈，尤其是在高度互联的环境中，最初的一个刺激源会通过整个反馈循环回路，给系统带来更大的刺激。这种单向加强作用，让整个系统加速发生变化。正反馈越多，反馈回路越多，变化的规模就越大，速度也越快，应变生变，越来越快。在家庭供暖控制系统的例子中，如果将负反馈变为正反馈，温度计发出的信号就会是"室内很热，继续制冷"，信号不断重复，导致室内温度降低到不可忍受的水平。

在互联网空间里，正反馈有时很强烈，有时则较弱，有时网络空间会让原来根本没有正反馈的地方产生正向加强的效果。随着互联网技术在金融体系中的进一步运用，互联网的正反馈作用同时也扩大了金融的不稳定性和脆弱性，过度互联极易引发规模更大的系统性金融危机。

（三）在复杂系统中，应以防范"过度互联"和"正反馈"为监管理念

复杂系统研究专家尤金·维格纳指出，大而复杂的经济和社会体系在巨大的正反馈和不可预测性的作用下会显得非常脆弱。耶鲁大学著名组织学理论家查尔斯·佩罗在其著作《正常事故：与高风险科技共存》(Normal Accident：Living with High-Risk Technologies)中指出，在一个高度复杂、紧密的系统中，事故属于正常事件，根本无法避免。只要系统不太复杂，我们就能够预防单一事故或意外的发生。一旦系统发展到高度互联的阶段，当发生多重故障时，我们就只能束手无策，眼睁睁地看着事故发生，甚至灾难降临了。

相互联系越来越多，依赖程度越来越深，事故的发生也愈加不可逆转。复杂性理论、混沌理论和网络分析不断向前发展，但它们并没有考虑互联性的问题。在信息化的21世纪，互联网已经成为社会的神经系统，以近乎零成本的方式顺利地传递着信息。它将曾经分离的系统连接起来，加深了这些系统之间的关联。它正在用更多正反馈打造一个全新的世界，一个更易发生意外、更加动荡，也更易受传染影响的世界。在如此高度互联的系统中，一次小小的事故往往就会触发传染，而维持传染蔓延的进程，并让其以超速进行扩散，进而导致灾难性后果需要两个条件——"高度的互联性"及"正反馈"。

然而，问题的本质并不在于互联性，而是在于监管的缺失，如果政府的反应速度及应对措施能够跟得上，这种互联性就不是问题。归根结底，问题可能在于缺少相应的监管措施，而非互联性。互联网不仅仅引发了互联性，还压缩了时间。而压缩的时间反过来又催生了更多强大的正反馈回路，增加了意外互联发生的概率，加大了预测的难度，使行为变幻莫测。因此，采取缓冲、抑制等安全措施一定程度上能帮助我们控制局面。

以2008年的金融危机为例，互联网24小时不间断地运行着，而究竟是谁操纵其运作

我们却不得而知。它并没有真正的主运营商，而是靠分散在世界各地的远程通信运营商，这些运营商之间为共同的利益相互合作，这为互联网的运营奠定基础。互联网是信息效率的发动机，全球金融市场通过网络通信协议，每天可以进行高达3万亿美元的货币交易，并进一步促进了互联网规模的扩张和力量的壮大。不过，互联网拥有铺天盖地的规模的同时，网络空间早已从高度互联状态转化为过度互联状态，也因此变得极度脆弱。更为糟糕的是，多年来，金融体系内的"控制棒"抽离得太多，即利率和风险溢价及风险投资的超额费率设置得太低。一旦高度互联的经济体系转至过度互联状态，出现经济领域的"热逸溃"现象，以往的控制手段将失去效用，最终导致经济崩溃。可以说，在过度互联的环境下，即使存在类似"控制棒"机制，一旦失控情况太过严重，控制机制也会变得形同虚设而无用武之地。事实也正是如此，政府仅仅靠降低利率根本无法振兴经济，能做的只有救助银行体系，购买不良资产和拯救汽车产业。因此，在互联网背景下的金融监管，需要我们从减少系统中正反馈的角度，进行更深层次的思考，通过削弱甚至破坏其中的互联关系，减小系统中的风险放大效应。

二、在互联网背景下，金融监管应以"风险配置"取代"风险防范"理念

20世纪90年代末期以来，金融创新理论和实践的发展证明，金融风险也是一种可资利用的"资源"，同样存在着风险的"资源配置"问题。市场化的风险资源配置可以直接节约社会资金资源的占用。随着互联网技术和金融技术的进一步融合，金融机构的社会经济职能逐渐"进化"为资金资源配置中介和风险资源配置主体双重角色。相应地，金融风险的市场化配置，也成为金融监管的有益补充和提高金融监管效率的重要手段。

如上所述，传统金融监管理论认为，金融创新与金融监管是一对矛盾，在相互冲突中相互促进。并已经成为大多数学者认识金融创新和金融监管关系的一种基本假定，即"监管——创新——再监管——再创新"。然而，按照这种假定，一旦金融管制被突破或者被放松，金融创新活动将进入一个"舒缓期"。但人们发现，20世纪90年代金融管制的放松，并没有使金融创新进入"舒缓期"，金融创新的速度不仅没有放慢，反而较80年代更快，特别是互联网给金融创新带来的变革，使其在深度和广度上都有显著提高。

将金融监管和金融创新视为矛盾斗争的两个方面，其理论基础是金融组织在资金资源配置过程中的利润最大化假定。金融组织职能转变理论则认为，上述假定并不完全正确。信息革命带来了社会分工的进一步细化，也使得不同风险偏好的群体得到了更好的匹配，在这一背景下，互联网络是金融机构进化的结果，是使其承担了风险资源配置主体的职能，使互联网金融服务能在最大程度上将不同的"风险资源"配置给风险承受能力不同的投资者，也在某种程度上降低了市场的信息不对性，金融组织利润最大化可以在资金配置和风险配置两个市场中实现。因此，90年代末期以来金融创新出现的新特点，也促使人们对金

融创新与金融监管之间的关系进行重新认识。

将风险视为一种资源，通过一个市场进行配置，需要具备几个基本条件：一是要有配置主体；二是要有配置工具，；三是要有市场运行的基本规则。金融组织以及金融组织的创新活动解决了市场配置主体和配置工具的问题，如何形成有效、稳定的市场规则就成为风险配置市场发育的关键。众所周知，依靠市场的自发力量逐步生戒出稳定的市场规则是一件社会费用高、耗时长的事情，解决市场规则最有效的办法，是由一个社会公认的组织制定市场交易者普遍接受并遵守的交易规范，金融监管恰恰可以起到类似的作用。以信用衍生产品为例，20世纪80年代信用衍生产品出现后，一直到1999年都发展缓慢。1999年都国际互换与掉期衍生产品协会制定了一套信用衍生产品交易的规范协议（ISDA协议），规范并简化了信用衍生产品交易活动，大大降低了信用衍生产品的市场交易费用。1999年后，信用衍生产品交易量开始成倍增长（Goldman Sachs，2004）。

显然，在风险配置市场中，金融创新与金融监管已经演化成为互补而不是斗争的关系：

第一，现代金融监管是以风险为基础的监管，其根本点在于通过外部干预使金融风险被控制在一个适宜水平。金融创新的发展促使风险配置市场的形成，利用市场化的手段配置风险，客观上提高了风险管理的水平，市场自身的约束成为风险监管最有利的补充。

第二，金融创新发展的深度和广度，依赖于风险配置市场的发育程度。金融管理机构可以通过外部干预，缩短市场自我演化的时间，规范市场行为，降低交易费用，从而促进风险配置市场的发育并保护市场的正常运行。

三、在互联网背景下，激励相容的金融监管理论将得到广泛运用

传统金融监管理论都从外部力量介入（政府干预）的角度来考虑有效金融监管，但在互联网时代，随着金融部门与监管部门之间在资源占有上的差距越来越大，金融监管理论的研究基点将更重视从金融的本质属性和金融体系运行的特殊性着手，更注重从金融机构、金融体系内部的激励相容，探索金融机构自觉主动防范金融风险的金融监管制度安排。

20世纪80年代以前，被监管者的监管激励问题较少涉及，系统性研究缺乏。1993年拉丰、梯若尔（Laffont，Tirole）的《政府采购与监管中的激励理论》出版后，监管理论才得到了微观经济学范畴内真正的系统性研究。拉丰和梯若尔监管经济学的最大的特点是：把监管看成是最优机制的设计问题，并将激励机制引入到监管问题的分析中，尽可能地从本源上内生地分析监管中的问题，运用相对成熟的完备合约方法分析监管者和被监管者双方的行为。之后相关的研究成果大量涌现，论证了市场约束对监管效率的影响，以及如何运用市场激励和约束改进监管效率。弗莱纳瑞（Flannery，1998）系统地分析和论证了市场信息对改善监管的重要性，他发现市场可以对已经出现的问题采取及时纠正的激励。凯恩（Kane，1994）认为，恢复市场纪律的核心在于向社会和监管者提供金融机构、存款保险机构、监管部门及时而准确的信息。巴曙松（2003）认为，从博弈论角度来

看，激励相容监管是把监管过程看作一个特殊的委托——代理问题。纪敏（2005）也认为，激励相容或正向激励的监管，实质是在金融监管中更多地引入市场化机制。美联储前主席格林斯潘（Greenspan）则认为，所谓激励相容的监管应当是符合和引导，而不是违背投资者利润最大化目标的监管。

经典的委托—代理模型可以充分刻画激励相容的思想：一个参与人（处于信息劣势的委托人）想使另一个参与人（处于信息优势的代理人）按照前者的利益选择行动，但委托人不能直接观测到代理人选择了什么行动，能观测到的只是另一些变量，这些变量由代理人的行动和其他的外生随机因素共同决定，因而只是代理人行动的不完全信息。委托人的问题是如何根据这些观测到的信息来奖惩（物质或非物质）代理人，以激励其选择对委托人最有利的行动。以基于激励相容理论对银行监管分析为例，对银行的监管措施或者监管体制，应当形成正向的激励机制，从而解决存款人、监管者、被监管的商业银行三者之间两层的委托——代理问题，最大可能减少甚至克服道德风险和逆向选择问题，即使得银行的利益和存款人的利益协调一致。

因此，在进行互联网金融监管规则设计时，首要原则是除了消极的惩罚外，监管者需要用积极的激励去鼓励行业参与者的理智行为。其背后的原因在于：个人和机构对奖励和惩罚的反应并不相同，所以政策制定者需要合理地使用奖惩以实现监管目标。制裁金融非法行为时，虽然罚款和刑罚在心理上，政治上和行政上，可能更令人满意，但远期来看，激励能更有效地预防和纠正这种非法行为。正确设计的激励机制可以成为规制个人和机构面对复杂局面时非常强大的监管工具。

在个人层面上，政策制定者可以构建将高管薪酬与风险管理挂钩的激励机制，从而鼓励互联网金融行业的高管拓展其焦点，而不是仅仅停留在追逐短期利润上。金融危机之前，许多公司的利益相关者倡导用股权激励作为促使股东与高管利益一致的有效工具。理论上讲，股权激励会产生以股东利益最大化的更好的公司治理。但在实践中，股权激励带来的总是与业绩不符的高管薪酬的显著提升；股权激励也刺激了高管过度的冒险行为，其严重损害了股东及其他利益相关者的长远利益在金融危机前夕，相较于非金融机构的高管，金融机构的高管们获得了巨大的股权激励。比如，金融危机爆发前，持股最多的金融高管是贝尔斯登、雷曼兄弟、美林证券及 Countrywide 的总裁。

金融危机后，这些公司被公认为从事了过度冒险行为。

金融危机之后，一些学者和业内专家建议将次级债、长期股权和一篮子代表性证券（representative baskets of securities）引入高管薪酬方案，以更好地平衡（高管）利润动机与风险管理动机。根据《多德——弗兰克法案》，监管机构也颁布了有关优化高管薪酬结构指引，以打击通过诸如薪酬递减机制（compensation claw-backs mechanisms）从事的轻率、短视投机行为。由于互联网金融的快速发展，须构建恰当的激励相容机制来鼓励高管更好地平衡逐利的短期欲望与风险管理的长远利益。

在制度层面，政策制定者也可以使用激励机制来更好地实现监管目标。鉴于网络空间威胁带来的互联网金融的脆弱性，监管目标之一便是网络安全。要实现此目标，以惩罚为基础的监管路径就是，对那些未能遵守网络安全方面的政府强制性标准之人征收高额罚金。以激励为基础的监管路径就是，通过提供税收减免，以红利折旧或增加费用扣除项目的方式允许投资者提前收回投资，来提高行业参与者（industry participants）的网络防御。金融危机后，根据《美国复苏与再投资法案》，美国国会利用各种税收机制来鼓励企业进行资本投资以帮助刺激经济。类似的激励机制可以用来鼓励金融业参与者采取更适宜的行动，从而实现监管目标，比如，提高互联网金融的网络安全。

此外，政策制定者也可以创造更好的监督管理激励机制，从而使得交易遵循资本的逐利驱动而非代理成本。作为自利的代理人，金融中介机构和看门人（如审计师、投资银行和信用评级机构）有时会促成那些可以获得短期利益，却损害长期体制和系统稳定性的交易。政策制定者或许可投入更多的监管资源，以检查被扭曲并产生危害的费用结构，从而更好地将金融激励与监管目标统一。

构建奖惩结合的机制不应被误解为放弃惩罚以偏爱金融行业，亦不应被曲解为奖励错误的金融行为。坏而危险的金融行为应受到惩罚，但仅靠处罚不足以弥补金融漏洞和失败。此外，环境和负外部性有时使得处罚不切实际，且适得其反。此种奖惩结合的机制促使采用更明智和积极的鼓励，以更好地管理和预防坏而危险的金融行为，而不仅仅是制裁它们。

第五章　互联网金融风险及监管对策

第一节　互联网金融发展中面临的风险

互联网金融主要依托第三方支付、P2P、大数据金融、众筹、信息化金融机构、互联网金融门户六大模式，实现了互联网与金融的融合，兼具互联网和金融双重属性，但其核心仍然是金融，互联网金融的实质必须回归到金融本身，互联网更多的是传统金融在新时代、新时期的工具和依托，因此互联网金融的健康发展还是要遵循金融业的基本规律和内在要求，核心还是风险管理。同时由于互联网金融客观存在的双重属性，其在系统性风险、流动性风险、信用风险、技术风险、操作性风险等传统金融风险之外，又具备了互联网技术与业务都较传统金融模式更为超前的金融模式，呈现出与传统金融不同的风险特征。

一、互联网金融风险的特殊性

（一）金融风险扩散速度更快

无论是第三方支付还是移动支付，包括 P2P、大数据金融、众筹平台、信息化金融等在内的互联网金融，都具备高科技的网络技术所具有的快速远程处理功能，为便捷快速的金融服务提供了强大的 IT 技术支持，但同时互联网金融的高科技也可能会加快支付、清算及金融风险的扩散速度。在传统的纸质支付交易结算当中，对于出现的偶然性差错或失误还有一定的时间进行纠正，而在互联网金融的网络环境中这种回旋余地就大为减小，因为互联网或者移动互联网内流动的并不仅仅是现实货币资金，更多的是数字化信息。当金融风险在短时间内突然爆发时进行预防和化解就比较困难，这也加大了金融风险的扩散面积和补救的成本。

（二）金融风险监管难度较高

较高的互联网金融技术环境中存在所谓"道高一尺，魔高一丈"，这对于互联网金融的风险防控和金融监管提出了更高的要求。互联网金融当中的网络银行、手机银行等交易和支付过程均在互联网或者移动互联网上完成，交易的虚拟化使金融业务失去了时间和地理限制，交易对象变得模糊，交易过程更加不透明，金融风险形式更加多样化。由于被监管者和监管者之间信息不对称，监管部门难以准确了解互联网金融机构的资产负债实际情况，难以针对可能的金融风险采取切实有效的金融监管手段。

（三）金融风险交叉传染的可能性增加

传统金融监管可以通过分业经营、设置市场屏障或特许经营等各种方式,将金融风险隔离在相对独立的领域。而互联网金融中的这种物理隔离的有效性相对减弱，尤其是防火墙作用可能因网络黑客等破坏而衰减，因此"防火墙"的建设更需要加强。随着我国多家金融银行机构的综合金融业务的开展和完善，互联网金融业主与客户之间的相互渗入和交叉，使得金融机构间、各金融业务种类间、国家间的风险相关性日益增强，由此互联网可能引发的金融危机的突发性较大。在以第三方支付、P2P、大数据金融、众筹平台、信息化金融机构等为主要模式的互联网金融中，一些超级金融集团本身既拥有先进的通信设施，又掌握巨额资金，利用国际互联网金融交易网络平台进行大范围的国际投资与投机活动，会增加金融系统风险传染的可能性。

（四）"长尾"风险

互联网金融因为拓展了交易可能性边界，服务了大量不被传统金融覆盖的人群，呈现"长尾"特征。而这部分"长尾"人群的金融知识一般相对欠缺，属于金融领域的弱势群体，容易遭受误导、欺诈等不公正待遇，而且该部分人群的投资额小而分散，作为个体投入精力监督互联网金融机构的成本远高于收益，所以"搭便车"问题较为突出，导致针对互联网金融的市场纪律更容易失效。其次，由于该部分消费群体风险识别和承担能力也较差，个体非理性和集体非理性更容易出现，一旦互联网金融出现风险，社会影响面会更广，对社会的负外部性更大。正是鉴于"长尾"风险的存在，互联网金融监管中尤其要重视金融消费者的保护。

二、互联网金融面临的金融风险

（一）系统性风险

系统性金融风险是指由单个或少数金融机构破产或巨额损失导致的整个金融系统崩溃的风险，以及对实体经济产生严重的负面效应的可能性。互联网金融的基因在于其技术领先性和业务发展的高效性以及支付系统的快捷性，因此，必须要防范系统性风险快速传播的可能性。在互联网金融的网络环境中一次偶然的差错或失误会因为互联网内信息的快速流动，迅速扩大至其他相关的金融机构，纠正的时间大幅度减少，而补救的成本会大幅上升。同时在金融全球化背景下，互联网金融使得跨市交易、跨境交易、跨期交易甚至监管套利等金融活动更加便捷，金融机构间交易日益频繁，互联网金融这个巨大的金融网络中一旦有触发系统性风险的金融或者经济事件出现，风险很快就会传染给与其有业务联系的机构，并通过网络冲击所有金融及经济机构，从而加剧系统性风险发生的概率。从这点来说，互联网金融的系统性风险对金融系统和实体经济的冲击更大，一旦爆发危机，其破坏性可能更大，持续时间更长。因此，我们对互联网金融的系统性风险应该更加谨慎防范。

（二）流动性风险

流动性风险是指金融机构因流动性短缺，导致无法及时支付到期债务或者履行其他支付义务而产生损失的可能性。流动性风险不仅是传统金融机构最致命的风险，也是互联网金融面临的最致命的风险。但传统金融机构例如商业银行有比较完善的预防流动性风险的制度，比方说存款准备金制度、风险资产拨备覆盖制度以及存款保险制度。互联网金融模式则缺少相关制度保障，面临较大的流动性风险，尤其是第三方支付平台和P2P。据网贷之家的数据显示，倒闭的P2P平台，80%以上存在限制提现或者无法提现问题，而背后主要的原因就是流动性问题，在挤兑风潮的冲击下，导致流动性风险的发生。互联网金融流动性风险产生主要来自以下几个方面：一是金融创新产品带来的流动性风险。金融创新产品一般注重用户体验，在产品设计上创新性强，而风险防范方面却不成熟。如余额宝的最大亮点就是其资金可随时消费，因此大量的消费者把支付宝资金转移到余额宝之中。而天弘基金作为余额宝货币基金的管理方，每天计提的头寸是通过模型计算出来的，一旦消费金额超过预期，比如大型促销或突发情况，货币基金可能就无法按时与支付宝进行交割，导致出现流动性风险；二是互联网金融企业违规操作带来的流动性风险。最常见就是P2P网贷平台中的资金池和错配的方法，极易造成流动性风险。资金池是指P2P网贷平台把放贷人的资金放到自己的平台账户中，用做其他投资。错配主要是网贷平台把长期借款标的拆成短期，把大额资金标的拆成小额，造成期限和金额的错配。这两类做法一旦资金链断裂，发生挤兑，就容易引发流动性风险；三是互联网理财产品收益率不及预期导致的流动性风险。互联网理财产品宣称的收益率是预期收益率，实际收益可能达不到。投资者发现产品收益率不及预期时，可能大量赎回，进而引发流动性风险。如作为货币基金的余额宝，主要投资于协议存款，即银行同业存款，其七日年化收益率由历史最高6.76%逐渐下降到3.2%以下，收益受市场流动性影响较大。而保险类理财产品一般投资信托、不动产、基础设施等领域，流动性较低。这两类理财产品收益都是预期，一旦收益下降导致投资者巨量赎回，则会产生流动性风险。

（三）信用风险

信用风险指的是交易主体因未能履行相关约定而导致经济损失的可能性，是金融风险的主要类型之一。信用风险具有长期性、潜在性、传染性和破坏性等特点。互联网金融面临信用风险最高的应该是P2P网贷领域，该领域由于目前监管尚不完善，市场准入门槛又很低，致使各平台发展良莠不齐，"跑路"事件频发。其信用风险主要来自以下几个方面：一是个人信用风险，主要指的是借款人的信用风险。P2P网贷由于是没有担保没有抵押的信用贷款，唯一靠的就是用信用来维持行业健康发展，信用是 P2P 行业的命脉，一套完备的信用体系是 P2P 行业发展的保障。而我国到目前为止还没有建立起完善的个人信用体系。在对借款人的审核方面，P2P 网贷平台受成本因素限制，对借款人的信用搜集主要在线上，线下考察进行的较少，只能靠借款人向平台提供的信息做出最基础的评级，而借款人信息的真实性则有待考证。这导致平台对借款人的信用判断通常不准确，影响了放贷的质量。另外，由于没有建立完善的个人信用体系，而现实情况又是信用的违规成本太低，借款者主观上骗贷的意愿性增强，这也导致信用风险的加大；二是 P2P 平台信用风险。平台信用风险主要是平台对投资人违约，如平台向投资者承诺的收益无法达到预期，甚至可能违规操作导致资金链断裂或者恶意欺诈，都会使投资者遭受损失。

（四）市场风险

市场风险是指因市场价格（利率、股价、汇率以及商品价格等）的变动而导致金融机构或投资者损失的风险，包括利率风险、股市风险、汇率风险和价格风险。市场风险是金融业常见的风险之一。互联网金融属于传统金融的新模式，其本质属性还是金融，因此互联网金融业不得不面对市场风险的考验。互联网金融由于其普惠性和便捷性，加上互联网技术的飞速发展，在传统的存贷业务上发展迅速，面临的市场风险也更大。市场风险主要通过市场价格的变动影响互联网金融机构收益或成本，例如货币基金理财、保险理财产品面临利率波动带来的收益波动。而且我国互联网金融理财产品不仅仅单纯投资于货币基金，也投资于风险较高的股票市场，因此股票价格波动会直接影响理财产品的收益，使投资者可能面临损失的风险。

（五）操作风险

操作风险是指由于金融机构内部或外部操作问题所导致的风险，其中，内部因素主要包括内部操作、人员及系统的不完善，外部事件主要是客户和第三方存在的操作隐患。操作风险被新巴塞尔协议认为是与信用风险、市场风险并列的三大风险之一。互联网金融作为传统金融利用新型互联网技术进行的创新，面临的操作风险较传统金融更明显，危害更大。操作风险在互联网金融中主要表现在以下几方面：一是内部操作风险。传统金融业内控机制、规章制度较为完善，但仍存在监管真空或重复监管，面临一定的操作风险；新兴的互联网金融企业在内控机制和制度建设上远远落后于传统金融业，内部操作风险更大。目前，互联网金融机构大多还处于跑马圈地的阶段，重点在于拓展业务，注重新产品的开发，在内控机制的建立上还不完善；二是客户操作风险。首先是客户操作准确性上产生的风险。由于互联网金融往往是通过互联网平台进行操作，没有现场指导，因此出现操作失误的情况也时有发生，如网上支付由于账号输入错误导致支付错误等。其次是客户操作安全性上产生的风险。由于电脑病毒入侵，或是木马的植入，导致客户个人资料、网银账号密码、交易信息等被盗的情况发生。再次是网络诈骗，新型的网络诈骗让人防不胜防，客户在操作时，稍有不慎就容易陷入网络诈骗的陷阱；三是第三方风险。主要是服务提供商风险，服务提供商作为互联网金融的技术支持部门，对互联网金融的发展起着举足轻重的作用。由于服务水平参差不齐、IT 设备投入不够、安全意识淡薄等原因，导致网上交易存在许多安全隐患。

（六）法律风险

法律风险指的是互联网金融机构进行产品创新或操作流程不符合或违反法律要求，或者因法律法规不完善，导致金融机构或投资者在业务操作中无法可依，从而可能造成经济损失的风险。2015 年 7 月 18 日，人民银行等十部委发布了《关于促进互联网金融健康发展的指导意见》（以下简称《指导意见》），对我国互联网金融业务做了较清晰的划定和规范，使现有的互联网金融业务面临较大的调整，有些达不到法律要求的机构可能面临关闭的风险。例如，《指导意见》对资金托管问题进行了趋严的限制，使现有第三方平台等互联网金融的托管模式及其相应的宣传受到明显的挑战；规定个体网络借贷必须严守信息中介职能，不能进行增信，不得进行非法集资，明确个体网络借贷无需牌照，属于民间借贷范畴，仅需遵循现行法律法规的相关规定，即个体网络借贷将受限于民间借贷的同期银行贷款利率四倍限制，但目前大多数 P2P 平台都开展了一定的 B2B、B2P 业务，借款利率远远超过了同期四倍的限制，《指导意见》出台给以上业务模式带来很大的冲击，P2P 平台会面临较大的洗牌风险。除了上述互联网金融业务面临的风险外，互联网金融的各业态还可能涉及民事诉讼，如 P2P 网贷平台投资人因借款人无力还款引发的诉讼，互联网理财产品未达到预期收益而引发的诉讼等。

（七）技术风险

技术风险主要是由于黑客攻击、计算机病毒和互联网传输故障引起的，进而导致计算机系统瘫痪，平台无法提供高质量的虚拟服务。互联网金融是互联网技术飞速发展下金融模式的创新，网络技术、信息技术和数据处理技术是互联网金融快速发展的保障，在互联网技术的支持下，互联网金融业务流程被大大简化。但互联网的技术风险显而易见，例如TCP/IP 协议安全性不强，加密技术和密匙管理不够完善，导致黑客经常性对网站进行攻击；计算机病毒通过互联网快速扩散与传染，引起整个金融系统出现系统性风险，进而导致体系的崩溃。比如 2013 年年底，国内某网贷公司网站连续多日遭到 DDOS 攻击，数据库资料被修改和删除，网站瘫痪，无法访问，平台的意外引起投资者集体恐慌。又比如，2014年年初，全球最大的比特币交易平台 Mt.Gox，由于网络黑客的攻击，系统崩溃，85 万个比特币被盗走，最终导致该平台倒闭。这些网络安全事件都凸显出互联网金融时代，技术风险给金融领域带来的安全挑战。

第二节 国外对互联网金融的监管现状

一、美国的互联网金融监管

崇尚自由的精神在美国互联网金融监管上体现得非常明显，美国对互联网金融的发展持比较宽松的态度，不过分干预。在监管模式上，美国一直把互联网金融按照金融产品的属性来定义的，因此，不会因为互联网这一新渠道的出现而造成监管归属的混乱。对于互联网金融的业态，重点是认定其监管归属，然后由对应的监管机构进行监管。

美国的互联网金融监管机构比较繁杂，有联邦通讯委员会和联邦贸易委员会、消费金融保护局、美联储、联邦存款保险公司、货币监理署、美国证监会等。联邦通信委员会和联邦贸易委员会负责监管非金融机构；金融机构则由消费金融保护局（2010 年之后依据多德·弗兰克法案之后成立的机构）、美联储、联邦存款保险公司、货币监理署、美国证监会等部门监管，其中，互联网金融创新产品，一般由消费金融保护局监管。

美国的监管立法是在现有法律框架下，结合互联网金融发展，完善已有法律，补充新法律法规，逐步建立起以立法为核心的监管模式。总的来说，美国监管者对互联网金融专门的监管立法保持了"沉默"，但监管机构却高度重视，一直跟踪行业发展，强调对监管政策的宣传，而且美国有一个成熟的做法就是充分利用行业协会，以行业协会为中间桥梁，有效地发挥行业协会的协调和沟通作用。

美国对互联网金融监管体系的核心是保护消费者利益，严格执行法律法规，对违法者处以重罚。这充分体现了美国的人权主义和契约精神。从业者严格执行法律法规的典型案例如美国 P2P 行业的代表 LendingClub，为了发行新的金融产品，按照相关法律法规，全面无限期停止公司所有新贷款业务，直到完成新产品的审批才全面恢复营业。监管者对违规者严厉处罚的案例如 2013 年 11 月，一家全美连锁小额贷款公司由于没有根据相关法律法规，认真审核重要贷款文件，被美国消费金融保护局处以 1.9 亿美元的巨额罚款。虽然美国在互联网金融监管立法方面保持"沉默"，但由于其完备的法律体系，早已将各业态的互联网金融置于适用的监管规则之下。

二、欧盟的互联网金融监管

欧盟对互联网金融的监管与美国有比较大的差别。欧盟对互联网金融有一套独立的监管方法。其监管有三个关键词：适度审慎、权益保护、一致性。以适度审慎的监管战略为核心，坚持消费者权益保护原则，采用一致性监管，通过欧盟各国的联合监管，提高监管效率。其监管目标主要有两方面，一是搭建一个符合互联网金融发展的公平、公正的法律环境，二是加强对消费者权益的保护。

欧盟的监管模式主要是采取一致性的监管原则，欧洲央行要求各成员国对互联网金融统一监督标准，并负责监督标准的实施，监管的重点是网络安全问题、服务技术能力、银行间跨境交易活动、信誉和法律风险等内容。在具体业态监管方面，第三方支付被认定为"信贷服务"，按金融类企业进行监管，监管途径主要通过监管电子货币来实现。其具体要求是，实行行业准入，第三方支付必须取得银行业相关执照，且必须在中央银行设立账户并存入保证金，支付媒介只能是银行货币或者电子货币，同时，欧盟还对第三方支付在最低资本金、投资活动、风险管理等方面有具体要求。对P2P信贷监管主要是出台关于不公平商业操作、消费者信贷等指引性文件，用以加强网络信贷管理，同时加强信息披露的管理。

三、英国的互联网金融监管

英国监管模式更加注重发挥行业自律的作用，行业自律与政府监管共同作用，相互补充，行业先行，监管后行。这与英国的行业协会自律性强有很大的关系，行业协会监管发挥了很重要的作用，在很大程度上代替了政府监管。如英国在P2P发展壮大后，迅速成立了全球第一个P2P行业协会，随后又成立了众筹协会。行业自律协会制定行业规则，引导和规范行业的发展。在政府监管上，英国监管机构为金融监管局（FSA），负责所有金融监管，在监管上注重宽松的非审慎型监管，仅对投资者保护进行顶层设计，更多的是让行业自律发挥作用。

四、日本的互联网金融监管

日本的互联网金融发展主要由互联网公司主导，在混业监管和金融自由化的背景下，日本形成了以乐天集团为代表的互联网金融企业集团。日本在对互联网金融的监管上，主要采用行为监管，按业务性质、属性和影响归口相应的监管部门。在监管法律上，日本明确互联网金融是金融的创新之举，其业务必须接受相应的法律法规规范，必须符合《金融商品贩卖法》中的相关规定。同时，日本近年来不断加强对互联网金融的监管研究，出台了《银行法执行规则修订案》《针对新形态银行资格审查及监督运用指针》等针对网络银行的文件规范。对非金融公司开展的金融活动，要求开展金融业务的子公司必须独立于母公司，与母公司合作开展业务时必须建立"防火墙"，以确保客户信息安全。

各国对互联网金融监管的方法不尽相同，但都有以下几个共同点：一是对互联网金融作为金融的本质属性看法基本相同，都强调必须监管，普遍将互联网金融纳入现有法律监管体系中，不改变基本的监管原则。根据互联网金融的发展状况，不断完善现有法律法规，确保对互联网金融的有效监管；二是注重行为监管，根据开展业务的实际性质，归口相应部门进行监管；三是注重保护消费者权益，通过注册登记和强制性信息披露，保护投资者和消费者利益；四是积极发挥行业自律的作用，行业协会通过制定行业标准、加强行业指导和监督，促进行业健康发展。

第三节 我国互联网金融监管现状及存在的问题

一、我国互联网金融监管现状

互联网金融的纲领性文件《关于促进互联网金融健康发展的指导意见》在原有监管政策基础上全方位针对互联网支付、网络借贷、股权众筹融资等互联网金融主要产品加以综合规定，强调互联网金融监管应遵循"依法监管、适度监管、分类监管、协同监管、创新监管"的原则，明确了互联网金融监管责任，科学合理确定各业态的业务边界及准入条件，落实监管责任，构建出我国互联网金融监管的基本框架。

我国目前对金融业监管实行"一行三会"的分业监管制度（央行、银监会、证监会、保监会）。央行主要职能是研究制定和执行货币政策，维护金融稳定，提供金融服务。银监会的主要职能是依照法律、法规统一监督管理全国银行业金融机构及其活动，促进银行业合法、稳健运行。证监会的主要职能是依照法律、法规的规定，对证券期货市场进行监管。保监会的主要职能是依照法律、法规统一监督管理全国保险市场，维护保险业的合法、稳健运行。我国分业监管模式基本上是 20 世纪 90 年代确立的，当时，金融机构经营混乱，银行业除从事自身业务之外，还从事证券、保险业务，导致风险急剧上升。为了控制风险，使金融行业能够稳健地发展，国务院要求金融业必须分业经营，随后，分业监管也随之确立并延续至今。由于互联网金融本质还是金融属性，其监管还是沿用现有的分业监管模式。《指导意见》在监管的分工上，明确互联网金融监管责任，央行负责互联网支付，银监会负责网络借贷、互联网信托和消费金融的监管，证监会负责互联网基金和股权众筹的监管，保监会负责互联网保险业务的监管。同时，《指导意见》明确人民银行作为牵头部门组建成立行业协会——中国互联网金融协会，制定经营管理规则和行业标准，推动机构之间的业务交流和信息共享；建立监管协调与数据统计监测制度；人民银行、银监会、证监会、保监会、工业和信息化部、公安部、国家互联网信息办公室对互联网企业网络与信息安全保障进行监管。

二、互联网金融监管中存在的问题

（一）监管理念有待更新

任何一套现代制度设计的背后都有一套与之相适应的价值理念作支撑。金融监管法制也不例外，当金融监管制度面对互联网的挑战时，理应培植与之相应的价值理念，否则势必要冒"逾淮之橘"的危险。当前，我们对互联网金融监管理念存在着一些相当模糊的认识，主要表现在：一是对互联网金融的监管遵循规则监管原则，以合规性监管规则为主，风险性规则为辅。虽然合规性监管对维护金融安全具有重要作用，但它是一种浅层次、现场的、静态的金融监管方式。这种金融监管方式只是规则监管的初中级阶段，而当前西方发达国家的金融监管理念已从规则监管过渡到了更具灵活性的原则监管，因此我国金融监管的这种理念与互联网金融的发展形势格格不入，而且合规性监管通常以牺牲效率为代价的。监管部门处罚时掌握政策及把握尺度存在差异，各互联网金融机构在理解和执行法规时也存在差异，种种差异的存在导致金融创新面临相对不确定的监管环境，从而压制了参与主体创新的主动性，可能对互联网金融的发展起到抑制的副作用。美国的金融危机发生后，当前西方发达国家的金融监管目标转变为金融安全和效率同时并重，着力解决金融安全与金融效率之间的矛盾关系，以求达到一个平衡点。在这种情况下，我国的金融监管理念也应积极借鉴西方金融监管思想，在保持自己金融监管特色的基础上，减少金融抑制现象，促进互联网金融更好地发展。

（二）分业监管对互联网金融是否适用

目前，互联网打破了传统的金融行业边界，使分业界限越来越模糊，混业经营的现象越来越普遍。因此，现有的分业监管体系是否能有效实现对互联网金融发展的监管，值得进一步研究。例如，余额宝代表的"第三方支付＋货币市场基金"合作产品就同时涉足支付业和证券业，在一定意义上还涉及广义货币创造。2015 年 7 月 31 日，央行发布了《非银行支付机构网络支付业务管理办法》征求意见稿，网络支付出台一系列新规，其中包括对网络支付进行限额——网络第三方支付每个客户所有账户每天限额 5000 元，而类似于目前微信红包等的支付方式，日累计金额更是不得超过 1000 元。无可否认，目前第三方支付机构为了便捷性会默认开通某些功能，如小额免密，又或减少线下流程，如通过线上身份证验证与绑定手机验证绕过银行线下流程开通快捷支付，这些都需要受众自己有一定的风险意识来自行选择是否接受，安全保障必然有待进一步提升。然而，即使进行限额将消费者导流至银行渠道，并不见得可以更好地解决这一问题。而且目前第三方支付机构所属集团，如阿里巴巴和腾讯，都已获得互联网银行牌照，亦已有证券、保险、信托等领域的业务，尤其在手握大数据的情况下，突破新规限制只是时间问题。金融的混业经营与互联网化已不可能避免，通过限制或将支付机构往分业的结算定位上拉，并不能真正提升互联网金融的安全性，甚至很可能因为替用户选择而备受诟病。实际上，互联网金融安全性亟待提升，但限制终非良方，监管方应不断提升监管技术水平，方能更好地保障互联网金融安全。

（三）相应配套措施细则有待出台

《指导意见》对互联网金融监管的总体要求和目标、监管基本原则、监管职责、主要领域、规范秩序等进行了阐明，但部分互联网金融发展模式的相应配套措施有待进一步明确。例如，《指导意见》中提出"拓宽金融产品销售渠道，创新财富管理模式"的方式，在一定程度增加了相关牌照类或准牌照类金融产品互联网销售的合法合规性，为信托互联网的第三方理财平台助力。但目前众多平台进行相关牌照类或准牌照类金融产品互联网销售的方式是通过收益权或回购请求权等方式进行大拆小，从而降低投资者门槛，对此类产品的监管口径能否由《指导意见》的"创新财富管理模式"进行明确尚待进一步规定。《指导意见》在鼓励互联网金融业发展中所涉及的监管部门职责、相应政策与支持等所有原则规定，都有待进一步具体化。《指导意见》将股权众筹融资定义为通过互联网形式进行公开小额股权融资的活动。然而目前股权众筹受限于公众公司的 200 人股东人数要求，多数股权众筹平台通过嫁接有限合伙或者收益权的方式进行规避。考虑到股权众筹定位是"小额"，如果不解决股东人数问题，将难以满足融资企业的实际需求。总体而言，针对互联网金融的发展我国已经制定了基本的监管框架，但相关监管细则有待进一步完善和细化。

（四）现有征信体系不完善

征信是指以了解企业资信和消费者个人信用为目的的调查，包括对一些交易数据进行采集、核实和依法传播的操作过程。征信体系是现代金融体系得以安全运行的有效保障，也是市场经济走向成熟的重要标志。我国征信业从 20 世纪 80 年代起步以来，目前已构建起一个覆盖面广泛、结构基本齐备，以公共征信为主导的多层次征信体系。第一层是经中国人民银行征信中心管理的企业和个人征信系统数据库为代表，拥有大量基础信息的公共信用数据库和若干个专业信用数据库；第二层是以工商、税务、海关等政府职能部门的信息管理系统为代表，掌握特定经济信用信息的政府职能部门、投资金融机构、经济鉴证类中介机构；第三层次是对信用信息进行搜集、调查、加工并提供信用产品的专业征信机构，既包括有政府背景的地方性征信机构，也包括国内民营征信机构及在我国设立办事机构的外资征信机构。

但我国征信体系仍存在很多问题，滞后于金融业的发展，制约着互联网金融的发展。首先，由于征信立法滞后，监管缺位，信用服务不规范，我国征信业依然处于行业发展初级阶段，征信机构能提供的产品和服务相当有限。其次，征信系统的数据主要来源并服务于银行业金融机构等传统意义上的信贷机构，P2P、电商小额贷款机构等新型信贷平台的信贷数据游离于征信体系之外，无法利用征信系统共享和使用征信信息。许多公司已经看到互联网金融征信系统缺位产生的机会，并展开行动做 P2P 咨询平台。2013 年 3 月，安融惠众在北京发布了"小额信贷行业信用信息共享服务平台"（MSP），该平台以会员制同业征信模式为基础，采用封闭式的会员制共享模式，目的是帮助 P2P 公司、小额贷款公司、担保公司等各类小额信贷组织防范借款人多头借款，降低违约风险和减少坏账损失，提供行业借款信息共享服务，形成业内失信惩罚机制。而上海资信旗下的征信业务已经获得央行颁发的征信牌照，于 2013 年 6 月正式上线"网络金融征信系统"（NFCS），服务于人民银行征信系统尚未涉及的互联网金融领域，为网络金融机构业务活动提供信用信息支持。

但是，这些信用信息共享平台有着各自的风控模型，数据来源或是通过与线下的小贷公司共享数据的方式获取，或是通过自己的线下团队人工获取数据搭建数据库。而且，这些数据全都是割裂开来的，由每个平台各自使用，截至目前，没有一家平台将数据与其他平台共享。总体而言，自发组织或市场化运营的共享平台的信用信息远远满足不了互联网金融行业发展的需求，征信业的发展脚步已跟不上金融的创新脚步。

第四节　我国互联网金融风险防范及监管建议

互联网时代，伴随着效率的提高，成本的降低和消费者群体的扩大，风险形成和传递的速度也大大加快了，风险管理更加复杂，因此需要进一步加强金融监管。

一、调整金融监管理念

长期以来，我国金融监管部门一直较注重合规性监管，注重对进入门槛和业务种类的审批，但对互联网金融发展过程中因混合经营和综合经营所产生的交叉产品，往往存在监管空白。在深化市场经济改革过程中，政府行政审批职能减少是大势所趋，金融业也开始放宽市场准入。在此背景下，金融监管部门应逐步实现由机构性监管向功能性监管的转变，即针对金融产品所实现的基本功能而非金融机构的业务分工来确定相应的监管规则，尽量减少监管职能的冲突、交叉重叠和盲区，保持监管政策较强的协调性、连续性和一致性。与传统的金融监管相比，功能性金融监管的最大特色是在于它能够实施跨产品、跨机构、跨市场的协调，并具有连续性和一致性。其主要的特点是：①功能监管的目标是为了促进制度结构的必要变化，确定相应的管制机构和管制规则，有效地解决混业经营条件下金融创新产品的管制归宿问题，避免出现管制真空和多重监管现象；②功能性监管是依据金融产品所实现的基本功能而设计的，因此具有较强的稳定性、连续性和一致性，不受制度结构变化的影响，可以灵活地适应不同的制度环境，对于多国监管合作来说具有特殊的意义；③功能监管具有的一致性和连续性，可以减少金融机构"监管套利"的机会主义行为，使监管机构的监管充分发挥作用。

二、完善我国金融监管法律

虽然《关于促进互联网金融健康发展的指导意见》对我国互联网金融主要产品进行了较为全面的规范，但客观地说，法制建设还是滞后于行业发展速度。针对互联网金融领域的准入机制、业务运转流程监控、个人及企业信息保护措施及沉淀资金及其信息的监管处理方式等问题的法律法规仍存在大量的空白。在互联网金融快速发展的背景下，立法部门要加快对现有金融法律法规的补充和修订；借鉴世界上其他国家好的发展和监管的经验，逐步完善互联网金融发展和监管的相关法规；要关注地方政府在促进互联网金融发展方面的政策效果，结合地方政策法规建立符合中国特色的互联网发展和监管制度体系。

法律法规的完善可以从以下几方面着手：一是加强对现有法律法规的补充和修订。重点加强对《商业银行法》《证券法》《保险法》等大法的完善补充，弥补其中对互联网金融监管的空白。二是探索实施行业准入制度，完善退出机制。互联网金融覆盖范围较广，若发生恶性事件社会危害性较大。可根据互联网金融不同模式特性以及运营方式，对部分模式设立审批或备案制，设立资本金、风险控制能力、从业人员资格等准入条件，并对同一模式中不同业务种类实行不同标准的差异化准入要求，选择适合的企业。同时，也要为互联网金融企业设立合理的退出机制，及时清除劣质企业，以保证互联网金融产业健康发展。三是加快互联网金融技术部门规章和国家标准制定，互联网金融涉及的技术环节较多，如支付、客户识别、身份验证等，要站在顶层设计的角度，协调相关部门，启动互联网金融各项国家标准的制定工作。四是统筹中央和地方法律法规体系建设，要结合地方互联网金融监管经验，允许地方在监管上的试验创新，要把"法无禁止即可为"作为中央对地方监管权力下放来认识。

三、加强协调监管

（一）加强监管主体横向沟通协调

我国分业监管体制有诸多优点，如监管专业优势明显、风险控制力强、责任落实到位。但在互联网金融跨界和混业经营的冲击下，现行体制也暴露出诸多问题，如监管缺位和多头监管同时存在，监管尺度和标准不统一。在分业监管的大格局下，为形成监管合力，监管主体之间的横向沟通协调机制就显得尤为重要了。通过建立监管主体横向沟通协调机制，完善监管体系，解决监管缺位和多头监管，统一标准尺度，有利于推动金融创新、促进互联网金融健康有序发展。

加强监管主体横向沟通协调，重点需要做好以下几方面的工作：一是针对互联网金融的监管缺位和重叠，结合各监管主体职责，明确各主体监管范围。对监管缺位的要补位，对越位监管的要吹停，对多头监管的要清理，最终实现监管到位不越位；二是推进信息共享，特别是建立部门监管政策的信息共享机制。互联网金融模糊了行业边界，跨界经营态势明显，在这样的现实情况下，信息共享显得尤为重要；三是统一监管尺度。互联网金融作为金融的本质未变，因此在监管上，要注重和传统金融监管尺度的一致性，注重和相关制度的匹配性，体现监管的有机性和整体性。国务院非常重视监管主体横向沟通机制建设，我国于2013年建立了金融监管协调部际联席会议制度，联席会议由人民银行牵头，成员单位包括银监会、证监会、保监会、外汇局。联席会议还规定，根据实际情况，必要时可邀请其他相关部门如发展改革委、财政部等部门参加。对互联网金融来说，部际联席会议制度的建立，符合我国互联网金融混业经营的大趋势，有助于协调各监管部门在互联网金融方面的监管政策，维护互联网金融的稳定，防范互联网金融由于政策原因或监管缺位引发的区域性、系统性风险；有助于加强互联网金融创新产品和交叉性产品的监管，防止部门监管可能带来的监管套利；有助于我国建立多层次的、全方位的金融市场。部际联席会议制度建立以来，对"建立金融监管信息共享和金融业综合统计、规范金融机构同业业务、促进互联网跨界金融健康发展、增强资本市场的融资功能、防范化解金融领域重点风险隐患"等政策事项进行研究、达成共识，取得了较好效果。

（二）加强中央与地方的纵向协调监管

《国民经济和社会发展十二五规划纲要》明确提出要"完善地方政府金融管理体制，强化地方政府对地方中小金融机构的风险处置责任"。伴随着地方金融活动的日益活跃，地方政府已逐步开始在地方金融监管中扮演越来越重要的角色，中央与地方统分结合的金融监管模式已初露端倪。2008年以来，随着新一轮地方机构改革的深入，全国省、市两级政府普遍加大了金融办建设的力度。现在，全国省、市两级政府普遍设立了金融办，在经济较发达的地方，许多市辖区和县级市也设立了金融办。金融办在地方各级的陆续设立为地方政府行使地方金融管理职能提供了组织保障。在中国区域经济发展差异巨大的情况下，地方政府金融办对地方金融活动更为熟悉了解，建立由地方政府金融办主导的地方金融监管体系框架已成为目前国内金融监管的发展趋势。

2014年以来，各地方政府在互联网金融方面政策频出，2014年2月，天津市开发区制定了《天津开发区推进互联网金融产业发展行动方案》；3月，深圳市发布《关于支持互联网金融创新发展的指导意见》；6月，广州市发布《广州市支持互联网金融创新发展试行办法（征求意见稿）》；7月，南京市相继出台《关于加快互联网金融产业发展的实施办法》；8月，上海正式发布《关于促进本市互联网金融产业健康发展若干意见》；11月，浙江省出台《浙江省促进互联网金融持续健康发展暂行办法》。为防范风险，促进互联网金融的健康发展，地方政府在出台政策的同时，对互联网金融的监管也提出了要求。如浙江省在暂行办法中指出："互联网金融企业必须在不触碰法律红线的空间内创新发展，严格遵守现有法律法规和今后出台的法律法规，牢牢守住不得非法吸收公众存款、集资诈骗、洗钱、非法经营等法律底线，严控政策风险、信用风险和市场风险等P2P网络借贷平台应当明确为借贷双方通过互联网渠道提供小额借贷信息服务，从事信息中介业务，不得从事贷款或受托投资业务；不得非法吸收公众资金，不得接受、归集和管理投资者资金；不得自身为投资者提供担保，不得出具借款本金或收益的承诺保证；建立信息披露制度等。充分发挥浙江省处置非法集资活动联席会议等机制作用，依法严厉打击互联网金融领域的非法吸收公众存款、集资诈骗等违法犯罪活动；完善互联网金融风险预警。"

无论从促进互联网金融的发展，还是监管的探索，地方政府已然走在了中央政府的前面。因此中央应该给地方监管部门明确监管职责和监管方向，要引导地方监管政策与中央保持一致，构建"上下协调，各负其责"的纵向监管体系。

（三）加强行政监管与行业自律间的协调

国际上发达国家在利用行业自律协会进行行业监管的是普遍的做法，特别是英国的行业自律协会在互联网监管上作用明显，在很大程度上代替了政府的监管。"他山之石，可以攻玉"，我们可以借鉴其经验，在行政监管的同时不断发挥行业协会的作用。通过加强行业自律，维护行业竞争秩序，防范和管控行业风险。2014年年初，中国人民银行牵头组建的中国互联网金融协会已正式获得国务院批复，协会的定位为国家一级协会，将充分发挥行业自律管理作用，推动形成统一的行业服务标准和规则，引导互联网金融企业履行社会责任。据称，中国互联网金融协会在市场准入方面将做具体要求，以后要设立互联网金融网站，可能需要先申请加入中国互联网金融协会，才能申请互联网金融网站备案资格。监管部门应让市场在金融资源配置中发挥决定性作用，引导和支持互联网金融从业机构通过行业自律的形式，完善管理，守法经营。

四、提升风险监管水平

（一）从互联网技术层面提高对互联网金融风险的监管水平

互联网金融的风险如同影子银行一般具有一定的隐蔽性，在对其进行监管时，不仅要利用传统金融的风险控制手段，还要结合先进的互联网技术手段，构筑互联网金融运行安全体系。计算机互联网技术安全体系是电子金融与电子商务活动安全的基础，技术层面的互联网金融运行安全防范体系包括：操作系统安全稳定、防火墙技术、虚拟专用网技术、侵检测技术以及金融信息、数据的安全防范技术等。互联网金融运行安全体系的构筑，首先需在硬件方面保障互联网运行的安全环境，应加大对计算机物理安全措施的研发投入，增强互联网系统的抵御和防攻击能力。同时，在互联网金融交易体系的信息安全上，应加强基本加密技术、安全认证技术以及安全应用标准与协议三大层次的技术支撑，这是网络金融和商务活动的支付体系和各种业务应用系统的发展基础。

（二）对业务流程中的传统金融风险加强监管

互联网金融业务的本质是金融属性，在业务层面，不论是有金融牌照的企业还是其他形式的网络借贷公司，都应从金融风险的角度充分认识金融信息化过程中的潜在风险，严格规范操作流程，加强对传统性金融风险的监管。针对互联网金融的行业交叉性和金融属性，其风险管控不仅需要建立信息科技风险评估、管理、预警的机制，还要在严格内控体系的基础上，对业务操作流程的规范管理、资金流动性管理、信用风险管理等方面建立金融风险的防范制度。从金融属性层面规范互联网金融操作流程，加强系统性风险、流动性风险、信用风险等金融风险管理制度和内控体系。例如，对流程中可能存在的操作风险应从互联网技术和金融两个层面进行标准化管理；对P2P模式中存在的"多对多""资金池""期限错配"等流动性风险隐患应尽早进行规范；对互联网借贷中由于信息不对称及无抵押品问题带来的风险隐患应设计出相应制度等。

五、加强社会征信体系建设

我国的社会征信体系建设一直落后于西方发达国家，互联网金融的发展推动着社会征信体系建设的步伐，必须加快社会信用体系建设，健全覆盖全社会的企业和个人信用体系。大力发展信用中介机构，建立支持新型互联网金融发展的商业信用数据平台，推动信用报告网络查询服务、信用资信认证、信用等级评估和信用咨询服务发展。在征信体系建设上，具体可以从以下几方面入手：

一建立征信信息共享机制。央行从 20 世纪末就开始建立全国性的征信系统，建立了相对完备的企业及个人征信系统（此系统包括企业信用信息基础数据库和个人信用信息基础数据库）；电商企业也积累了大量的基础数据；一些互联网金融企业建立了征信数据库，如拍拍贷、人人贷等。目前国内商业征信市场非常分裂，第三方征信一直处于各自为战的状况，每一个征信公司积累的数据都不一样。比如阿里积累的数据主要取自余额宝、支付宝、淘宝的电商数据。腾讯则主要是社交数据，征信信息很难统一使用。虽然有针对互联网金融行业的征信机构出现，但限于其规模及信息积累程度等因素，还不能满足互联网金融发展的需求。行业自发形成的诸如"黑名单"数据共享等方式也只是解决一部分问题。最终，要想促进互联网金融行业健康、稳步发展，还需要利用现有资源，整合各系统数据，建立信息共享机制。2015 年 6 月，在线金融搜索平台融 360 宣布，不仅同前海征信、芝麻信用、腾讯征信等 8 家征信机构达成合作，进行数据上的互补，而且与全球最大征信局 Experian(益博睿）建立了合作使用其数据模型和方法论。

二是打造专业化征信机构。近年来，国际上出现了多种征信混合式的发展趋势，特别是一些新兴的经济体，都形成了公共征信与民营征信、同业征信与联合征信相互补充、协同并存的征信服务市场格局。2015 年 1 月，央行发布《关于做好个人征信业务准备工作的通知》，要求芝麻信用、腾讯征信、深圳前海征信、鹏元征信、中诚信征信、中智诚征信、拉卡拉信用、北京华道征信 8 家机构做好个人征信业务的准备工作，准备时间为半年。随着国内互联网金融创新模式的不断发展，应逐步建立更多服务于不同市场的专业化征信机构，逐步规范其业务运作。如 MPS 平台、NFCS 系统等。征信机构的信用产品是一个人或一个企业的信用档案，直接关系到消费者和企业在经济生活中的利害得失，如果信用信息不完整必然会给客户带来不必要的麻烦甚至经济损失。因此，各专业化征信机构在征信体系建设及征信使用过程中，需要保证信用信息的完整性和客观性。

参考文献

[1] 谢平，邹传伟. 互联网金融风险与监管，北京：中国金融出版社，2017.12.

[2] 辛路. 互联网金融风险及监管研究，北京：光明日报出版社，2017.05.

[3] 刘志洋，宋玉颖. 互联网金融风险及监管研究，北京：中国金融出版社，2017.09.

[4] 封北麟. 中国互联网金融 发展、风险与监管， 页数：306 出版社：北京：中国财政经济出版社 出版日期：2017.09.

[5] 冯利英. 大数据背景下互联网金融风险测度与监管，北京：经济管理出版社，2018.03.

[6] 新浪财经. 互联网金融，北京：东方出版社，2014.07.

[7] 刘斐. 互联网金融模式与监管，北京：中国经济出版社，2016.03.